会 讲 故 事 的 童 书

我在宋朝当画师

历史少年

明小叔 著

光明日报出版社

图书在版编目（CIP）数据

我在宋朝当画师/明小叔著. -- 北京：光明日报出版社，2024.3

（历史少年）

ISBN 978-7-5194-7723-3

Ⅰ.①我… Ⅱ.①明… Ⅲ.①风俗习惯史—中国—宋代—少年读物 Ⅳ.① K892-49

中国国家版本馆 CIP 数据核字 (2024) 第 031824 号

梗概

　　子六和子满穿越到宋朝，搭救了正在写生的大画家宫素然。他们在燕山拜师学画，但是向往汴京繁华。沿着太行山，他们辗转回宋。路上，他们斩杀猛豹，救下画家李唐和王希孟，后被朱锐掳至山寨。幸亏李唐答应教朱锐作画，他们才得以死里逃生。回到汴京后，王希孟以第一名的身份成为画院待招，徽宗让他主持编纂《宣和画谱》。朝廷日益腐败，金国虎视眈眈。王希孟创作《千里江山图》进行画谏。徽宗不以为然，反而大造祥瑞。金兵南犯，围困汴京。王希孟创作《千里饿殍图》再次画谏。不想徽宗大怒，竟把他害死。徽宗以道士郭京御敌，传位给钦宗。结果，二帝被掳。子六趁乱抢救名画，协助画家张择端逃亡，建议他用绘画纪念汴京旧日繁华。《清明上河图》画好后，子六追踪二帝行程，趁机献画。二帝追悔痛哭。子满追随岳飞抵抗金兵。岳家军遭遇投降派的掣肘和陷害，最终使抗金大业付诸东流。岳飞将军也被秦桧害死。最后，子六在燕山创作岳家军的连环画，等待归来的子满……

目录

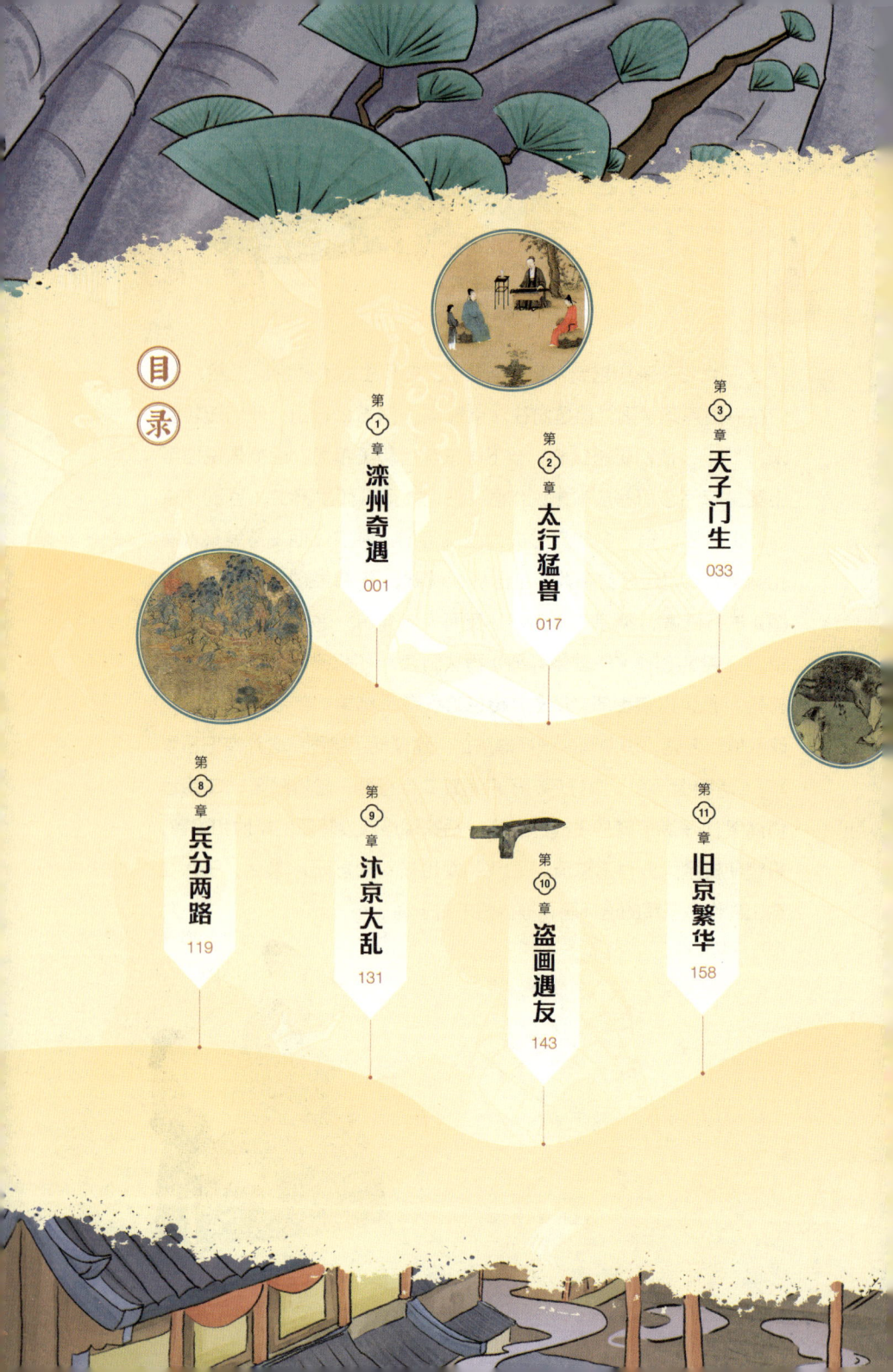

第 ① 章 滦州奇遇 001

第 ② 章 太行猛兽 017

第 ③ 章 天子门生 033

第 ⑧ 章 兵分两路 119

第 ⑨ 章 汴京大乱 131

第 ⑩ 章 盗画遇友 143

第 ⑪ 章 旧京繁华 158

第 ④ 章 千里江山 054

第 ⑤ 章 丰亨豫大 070

第 ⑥ 章 以画死谏 083

第 ⑦ 章 燕云一会 099

第 ⑫ 章 睹画伤情 174

第 ⑬ 章 名将之死 189

第 ⑭ 章 尾声 202

后记 206

博物索引

- 明妃出塞图 009
- 万壑松风图 032
- 游春图 048
- 江帆楼阁图 049
- 明皇幸蜀图 052
- 烟江叠嶂图 053
- 寒林平野图 086
- 晴峦萧寺图 087
- 金明池争标图 094
- 《朝元仙仗图》卷 102
- 《维摩演教图》卷 103
- 采薇图 106
- 听琴图 107
- 瑞鹤图 124
- 清明上河图 171

第 1 章
滦州奇遇

①

遥望一座高山，有九座山峰直插云霄，如同人撑开双掌矗立在天地之间，只西边被河流截断，如同缺了一指。这九座山峰里，有四座位于北边，五座位于东边，形势像一只展翅欲飞的凤凰，因此被称为九顶无影凤凰山。南北两翼由一座马鞍子状的山梁相连，因此被当地人称为马鞍子山，是一座布满崚嶒岩石的高冈，背后临着一面悬崖峭壁。

在这高冈之上，一匹马正迎风嘶鸣。这匹马浑身黑得发亮。只有四个蹄子和额头中央各有一撮白毛，亮如白璧格外神气。只见它扬起前蹄，在猎猎风中显露矫健身姿。

上方的巨岩之上，立着一只海东青。这猛禽抖擞羽毛，瞪着圆眼睛，眨也不眨地盯住这匹骏马。在离骏马不远的前方，有一只山兔正在草中觅食。

海东青把眼睛眯成一线，佯作打盹。突然之间，它一舒翅膀，呼扇两下，就把山兔用利爪抓住，然后箭一般又立回岩石之上，眼睛仍是紧盯着那匹骏马。

这时，从石砬子后边转出一只猎犬来，冲着岩石上的猛禽一阵狂吠，仿佛要讨要那只山兔解馋。海东青用凌厉的目光瞪着猎犬，让它很快打消了那点儿非分之想。

猎犬转头冲着骏马一阵乱叫。骏马似乎感受到敌意，不断地翻起后蹄，一旦猎犬接近，必定丧命于马蹄之下。猎犬只是乱叫，却不敢接近骏马。

也不知是什么时候，有一位神仙般的道姑立于高冈之上的一棵古松之下。她面容姣好，看上去年纪不大，头绾着发髻，用金簪别住，一袭白色宽大的道袍迎风飘摆，脚下蹬着黄色的靸鞋，手中拿着麈尾，腰中悬着宝剑，正在观察那匹骏马。

忽然那匹骏马朝道姑跑去。到了跟前，在那道姑的衣摆处摩挲不已。道姑也伸手抚摸它，跟故友重逢一般，可是却惹恼了那恶禽——只见海东青倏地一下飞起，俯冲过来，用那双巨大的翅膀朝道姑的头上就是一扫。

道姑一个不留神，头发被海东青的翅膀扫到，一下子

金簪坠地，秀发散了一肩。她十分惊诧，赶紧用麈尾来挡。那海东青果然又飞了回来，用利爪猛抓道姑的臂膀。这时猎犬也咆哮着冲过来，往道姑身上扑。

道姑两面受敌，十分惊骇。那马也受了惊吓，四蹄乱踢，嘶鸣不已，再也不肯让道姑接近。道姑无奈，只有掣出宝剑，护在身前。可她是出家之人，宝剑只是防身之用，并不懂什么剑法。

恶禽和猎犬看见明晃晃的剑刃，不但没有收敛，反而更加狂躁，一个张牙舞爪，一个猖猖狂吠，随时准备发动袭击。

我捅了捅身边的子满——我这位胆子向来不大的老弟，攥紧了拳头，随时准备英雄救美。

我一使眼色，子满立刻会意，从地上捡起几块石子，用足了劲，朝那狂躁的鹰犬扔了过去。只听"砰砰"两声，海东青和猎犬纷纷中招，一个忍痛回到岩石上，一个退到岩石边，不再狂叫。

此时，我抢步过去，护在道姑身旁，又跟子满说："老弟，把那马降伏了！"（在《历史少年——我在汉朝当马夫》里，子满早就成了驯马的行家。）

那马原不是烈马，只不过受了惊吓才发狂的，子满三下

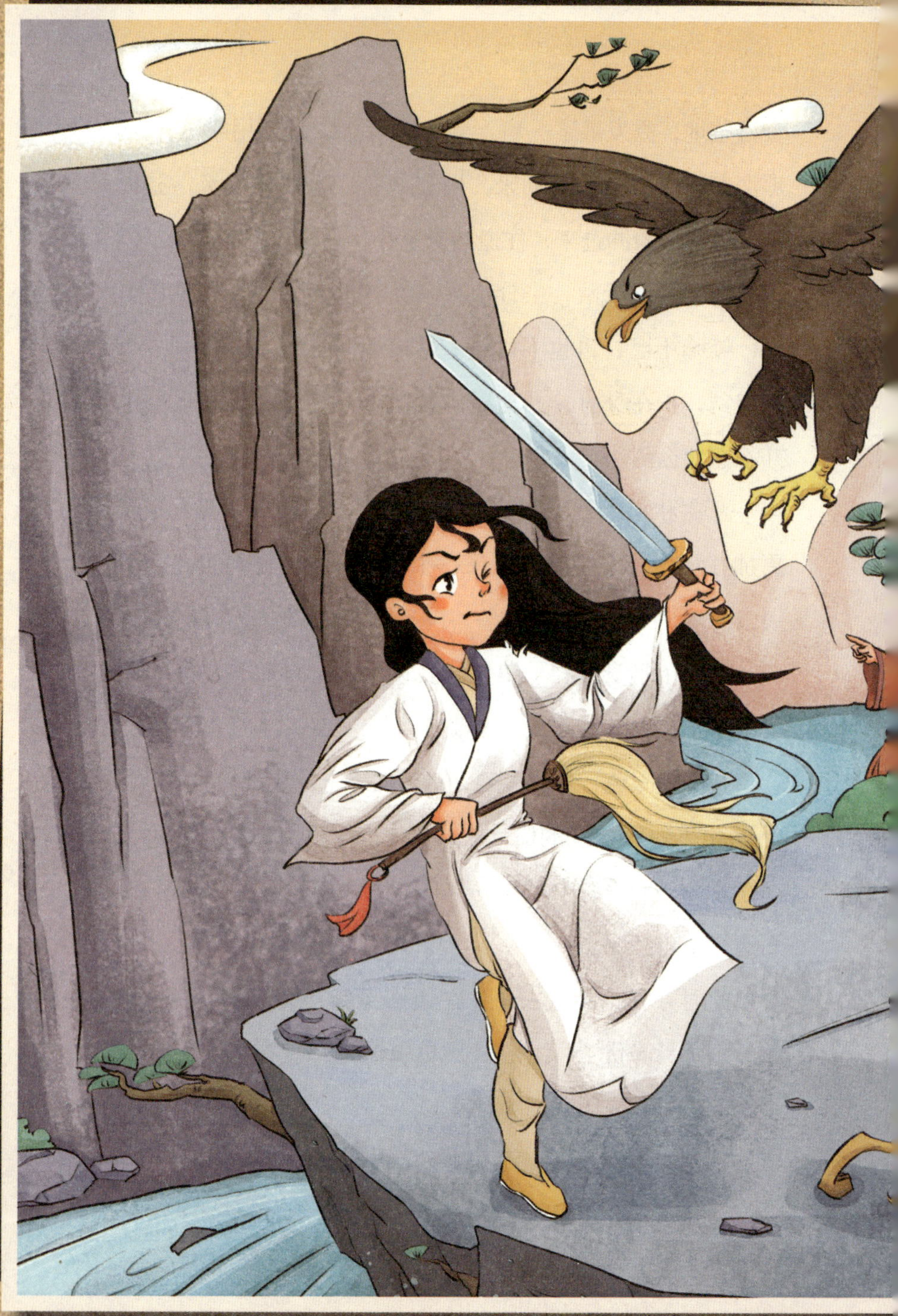

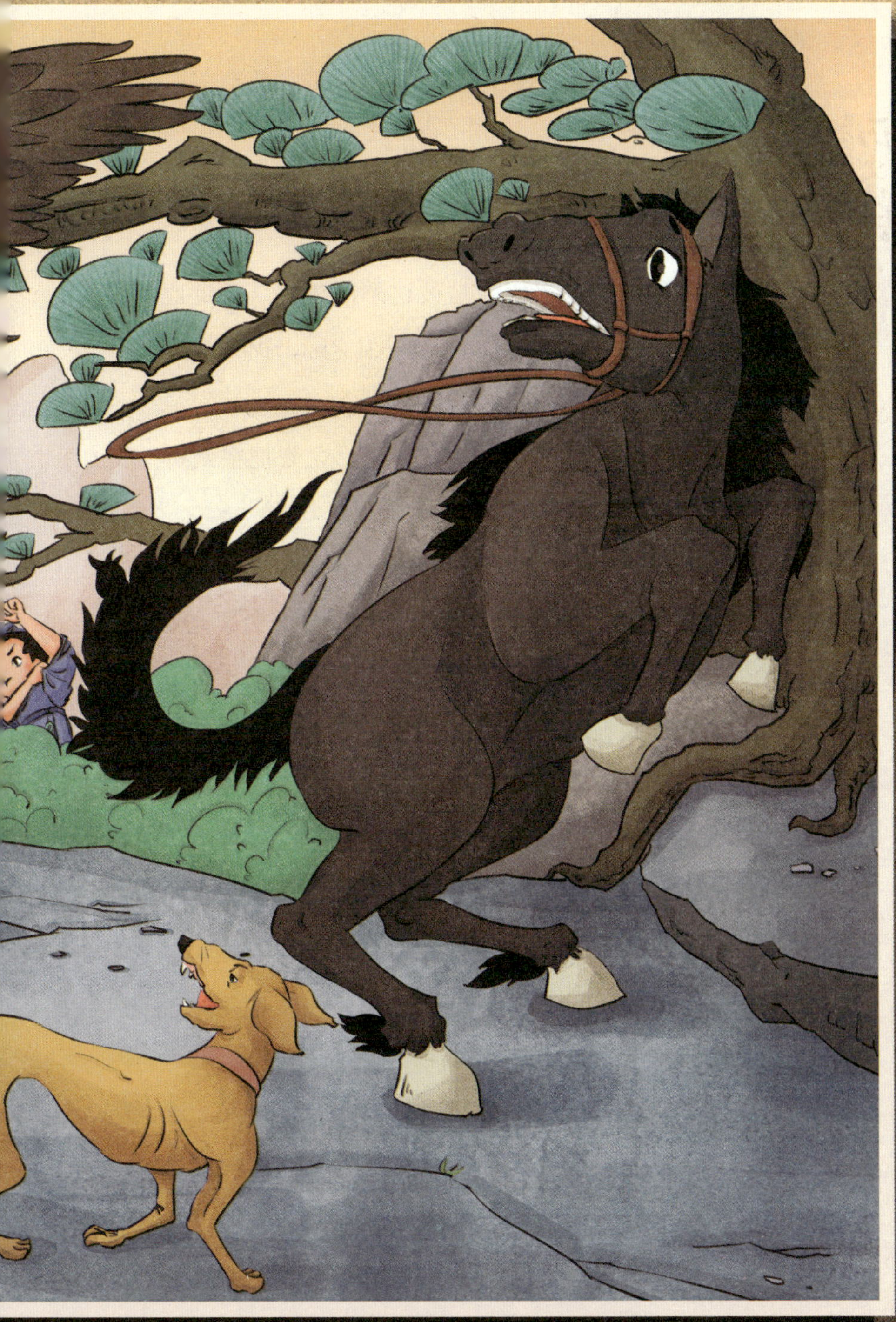

五除二就将骏马驯服，牵到了古松之下。

海东青十分不服，向天叫了几声，又扑棱着翅膀，张开利爪，朝我们三人俯冲而来。

依我的经验来看，若是被这恶禽击中，必定血肉模糊，弄不好还得身受重伤。千钧一发之际，我冲子满喊道："用剑！"

道姑十分机敏，一听我喊用剑，立刻把宝剑掷给了子满。

子满挥舞宝剑，使了一招"裴将军满堂势"里最精妙的一招，身形极迅速地一旋，看似也没什么厉害之处，却见那只海东青已然被斩断右爪，狼狈飞走。（子满在《历史少年——我在唐朝当歌手》中跟随公孙大娘学到了上乘剑术。）

猎犬气急败坏地跃上岩石，从上而下，张开血盆大口扑向子满。

子满赶紧挺剑上刺，只见一道红光迸现，猎犬已然身首异处，死在当场。

道姑惊魂甫定，犹自不敢相信眼前这惊心动魄的一幕。好半天才缓过神来，说道："多谢两位壮士！"说完，才发现错了，脸一红，又道："不，不，多谢两位少年英雄！"

我们一起坐在松树下，子满把随身携带的葫芦递过去，道："这里面是山泉水，我们并未饮过，仙姑若是不嫌弃，就请喝几口，解解渴。"

道姑接过葫芦，旋开盖子，饮了几口，道："看你们的装束，不像本朝人物，不知从何方而来，要到何方而去？"这一下倒把我们哥儿俩给问住了。

②

话说在唐朝的时候，为了完成李龟年的遗愿，我跟子满到一家生产唐三彩的作坊做佣工。工作之余，我们坐在门口的阳光下跟工友聊起唐玄宗的故事。（参看《历史少年——我在唐朝当歌手》）

我记得那天阳光灿烂万里无云。吃罢午饭，我就跟子满在坊口闲坐。工友们围拢过来，让我们讲那些陈谷子烂芝麻的往事。我跟他们讲起跟随李白到安禄山的老巢——幽州去游历，其间经过了我的故乡，一个叫作滦州的地方，当然了，那个时候不叫滦州，而应该叫右北平……

正聊得起兴，忽然晴天里响了一声霹雳，唬得众人赶紧散去，然后滚滚的乌云不知从哪里聚拢起来，狂风闪电随之而至，大树被连根拔起，山林被闪电击中起火，接着作坊也被狂风暴雨摧毁，那些烧制唐三彩的火窑也都坍塌了，不到一会儿工夫，作坊就从眼前消失了。我跟子满睁不开眼，互相抱着，等待命运的安排。

等一切都归于平静，我们才敢睁开眼睛，便看到了刚才的那一幕。

但是，如果把这些事告诉这位道姑的话，她一定以为我们疯了，或者以为遇到两个傻子。所以我告诉她说："我们刚才在山下那条河里打鱼，忽然看见山上恶禽、猎犬要伤人，才赶来相救。我叫子六，他是我兄弟子满。"

道姑微微一笑道："多谢你们哥儿俩，要不然我今天就惨了。我叫宫素然。出家在燕山，因自幼喜欢画画，出家后仍以画画为业。最近想创作一幅《明妃出塞图》，里面要画马。可是道观之中，哪里见得到真马？平时见的都是驴骡。我离开庵寺，四处寻找骏马写生，前些天顺着燕山往东去，看见这座大山甚是奇伟，就想访幽探微，果然见到了一匹骏马。这匹马我已经观察好些天了，原本和它已经很熟络了，它见我也不慌张。不料今天来了这对鹰犬，差点儿酿成祸事。"

宫素然一场惊吓之后虽然脸色发白，但言谈举止仍然落落大方，绝非俗世女子可比。

明妃出塞图

金代大画家宫素然创作的一幅历史人物画，以王昭君（明妃）远嫁匈奴的故事为主题，真切地再现了和亲队伍艰难行进在寒风凛冽的朔野之中的动人场面。

宫素然（生卒不详），金代画家，女道士，大约生活于宋高宗时代。擅画人物、征马。其画线条流畅挺健，造型准确洗练，设色明快淡雅，精妙处似李公麟。《明妃出塞图》现藏于日本大阪市立美术馆。

我忽然想到一件事,问道:"仙姑,我们一路流浪,路经此地,本来腹中饥饿,才在山下河里打鱼充饥。不知道此地为何地,此时为何世啊?"

宫素然嫣然一笑:"子六,你是在逗我吗?"

子满憨笑道:"我们是从唐朝穿越过来的!"

我狠狠瞪了这笨小子一眼。他一吐舌头,做了个鬼脸。

宫素然银铃般地笑道:"你们两个真是调皮!这里是大金国滦州府石佛口九顶无影凤凰山,至于'何世',按照南人的说法,现在应该是大宋徽宗在位。"

我一听,嗡的一声,头就大了——穿越到哪朝哪代不好,非得穿越到宋徽宗这一朝。我记得老爸带我参加过一个书画展,里面的展品大多是宋代书画,以宋徽宗的作品居多。这个徽宗皇帝号称"书画双绝",却把国家治理得一塌糊涂,被北方的金国攻打,直到亡国。老天爷准是打盹了,要不然怎么会把我们送到这个朝代?想想我们在商朝、秦朝、汉朝、唐朝,不是兵强马壮,就是荣耀盛世,这次的落差也太大了。可惜我们没有遥控器,也不可以按"返回"键。

子满看到我脸上过山车式的表情变换,问道:"老哥,你没事吧,你好像很不喜欢这个朝代?"

我瞪了他一眼："喜欢才怪呢！"

我赶紧调整了状态，问宫素然："仙姑，你是金国人？"

宫素淡然笑道："唉！你的问题倒叫我难以回答。我原本是宋人，祖上在真定做个小官。真定当时属于边地，我从小就被告知：过了真定府，辽兵打草谷。我的祖辈说，契丹官兵以牧马为名，四出劫掠，充为军饷，俗称打草谷。后来契丹兵不打草谷了，换作金兵打草谷。我们一家逃到燕京西山避难，以为燕京是辽国都城，情况应该好一点，可是谁想到的，金国兵锋所指，燕京也不太平了，不久的将来，我恐怕连辽人也做不成了，恐怕又要成为金国人！所以，你说我到底是哪国人呢，我也说不清楚！"

子满忽然想起了什么，问我："老哥，这石佛口不是咱们的老家吗？"

"你说对了，老弟。兴许是我们穿越之前，我头脑里想到了故乡，所以老天才让我们到这里来了。"

宫素然听我们聊天，感觉有些奇怪。

我告诉子满："我们家族出现在石佛口是几百年以后的事了。我小的时候还经常跟着爸爸回滦州石佛口老家玩，可等你出生之后，我们就举家迁到了南粤，回老家的机会就少了。"

宫素然莞尔一笑："子六，你刚才说什么——几百年以后的事？你们真是奇怪的人，感觉我今天像撞了邪一般。"

我心里说：知道几百年后的事又算什么？我们还当过巫师呢！我们还养过马呢，要不然刚才子满怎么那么顺利就驯服了那匹骏马？我们还练过剑呢，子满那两招断鹰足、斩狗身的剑法漂不漂亮？那可是跟历史上第一舞剑名家公孙大娘学的……

3

我忽然想到，我跟子满是绝不能留在北方的，虽然我们在唐朝的时候，十分强烈地想要回到故乡，可是现如今这里兵荒马乱的，正是宋、金、辽三国斗争的战场，况且赵宋文化之发达，经济之强盛，被后世誉为"造极"，我们既然穿越过来了，一定要去宋国体会一番。

我问宫素然："你就没想过要回归宋国吗？"

宫素然又是一笑："刚开始的时候，我也曾想过偷偷地潜回宋国，可是兵连祸结，宋、辽、金、西夏等国大动干戈，普通老百姓能够苟且偷生已算是幸运，偷渡更是危险。

后来我慢慢知道，宋国的徽宗皇帝也只知道一味玩乐，并不把子民百姓放在心中，回归的心也就慢慢淡了。"

我刚想说些别的，子满制止道："老哥，你看山下！"我们往山下望去，只见一哨人马挥舞旗帜，架着鹰犬正向此地而来。

子满道："一定是断足海东青的东家到了，看他们的架势一定是来找咱们打架的，咱们好汉不吃眼前亏，扯呼吧！"

这小子不知从哪儿学了几句江湖黑话，还不忘在我面前显摆。扯呼，即是撤退的意思，往往跟"风紧"连用，意思即为"情况不妙，赶紧撤退"。

宫素然也深以为然。我们三个起身往山下奔去。那哨人马果然一拐弯，奔我们撤走的方向撵来。我们再怎么跑也跑不过马，刚到河边，就被他们追上。

原来这石佛口，依山傍水，风景极佳。一条宽阔的河流裹挟着黄沙从九顶无影凤凰山的山脚下流淌而过，被当地人称为"沙河"。石佛口正处于沙河的河套里，因此又把这一带称为"沙河套"，是一片河洼连缀的湿地。

我们被困在沙河套里，前面是来势汹汹的辽兵，后边是水流湍急的沙河套。

为首的是个将官，叽里呱啦地说了一大堆话，脸上的表情恶狠狠的，仿佛要把我们给生吞活剥了。

我虽然听不懂，但也知道他是在诘问刚才山冈上发生的事，而且言语态度极其恶劣，很是让宫素然难堪。

宫素然一边应对官差，一边跟我们说："这些人是这里官府的人，说咱们想盗走他们的骏马，还砍死砍伤了他们的鹰犬，要把咱们绑回州衙问罪，还让咱们赔偿他们的损失。我解释了半天，他们根本不听，还扬言要把咱们全都杀死！"

我哪能受得了这个，我往四下里踅摸，看见河套里河流宽阔，两岸都是芦苇荡，如果从水路逃跑的话，我跟子满是没有任何问题的，但不知宫素然会不会水。

我低声问她："仙姑，你可识水性？"

宫素然窘然摇头。

子满道："老哥，我看这片芦苇荡十分广袤纵横，现在九月天气，正是天干物燥的时候，我们往上风口走，然后放火。"

宫素然突然道："放火很好。离此不远，有一个小渡口，那里有船！"

我跟子满一听大喜。子满随手捡起几块小鹅卵石，用足了力气，朝那些辽兵打去。那些辽兵的额头、鼻梁和下巴都中了招，纷纷在那里"哎哟、哎哟"直喊疼。

趁此机会，我拉起宫素然的手在前，子满擎宝剑断后，往上风口跑去。好大一片芦苇荡啊，那芦苇根根挺拔着，我们身处其中，身高还不足芦苇的一半，真是绝佳的藏身之处。

辽兵胡乱叫了一阵。宫素然骇然道："他们要用乱箭射死咱们！"

我告诉她："不用怕，咱们伏在地上，箭伤不到咱们。子满，你准备放火！"

子满从百宝囊中找出火石、火绒和火镰。敲击之下，火光迸现，顿时把芦苇引燃了。火势忽一下起来，火借风势，刮刮杂杂，在刚劲秋风的吹送下，像一条火蛇似的朝辽兵的方向扑去。

水火最是迅疾无情，那一伙辽兵还来不及掉转马头，头发、胡须、马鬃、衣物就烧了起来，直烧得他们人仰马翻，四下里逃窜。

子满气愤道："这些辽兵真是可恶！"

我哼了一声："难怪他们会被金兵打败，就知道欺负老百姓！"

我们潜行到小渡口，那里果然泊着几艘小船。我们跃到船上，我跟子满摇橹，宫素然站立船头，仙袂飘飘，逆水而行。

我半开玩笑半认真地跟宫素然说:"仙姑,这回大难不死,你可得教教我们画画!"

宫素然尚未作答,子满先疑惑道:"老哥,咱们是那块料吗?唱唱歌、舞舞剑也就罢了,那些水墨丹青的事,恐怕不是咱们哥儿俩能摆弄得了的……"

我打断他说:"学甲骨文、兵马俑、唐三彩这些技艺你不都扛过来了吗?画画还能难到天上去?"

宫素然沉吟了一会儿,说道:"你们若真的想学,我倒是可以教。不过我也只能教你们些皮毛,毕竟我也算不得什么大家。"

子满笑道:"仙姑,我一见你就知道你是仙女下凡,为了画画不顾身家性命来写生,这样的精神还不是大家,那这世上也就没有大家了。"

子满这小子拍马屁的功夫又见长了。在这方面,我真是难以望其项背。

宫素然听了,欣然笑道:"那我就收下你们这两个小徒弟了!"

第 2 章

太行猛兽

①

我们没跟宫素然学多少画技，便要动身南下。

宫素然十分不舍，道："你们哥儿俩真是招人喜爱，要不是你们急于南下，我还真舍不得你们！也没怎么仔细教你们作画，以后有机会再给你们补补课吧！"

一听说补课，子满吐了吐舌头——他最怕老师给他补课了。

我向宫素然施礼道："师父，如今的世道不太平，您要

多保重！"

师徒们纵然千般不舍，最终还是洒泪分别。

我们把宫素然送到西山，又是一场难分难舍。宫素然把随身携带的宝剑交到子满的手上，含泪道："乱世之时，行路多艰，这把宝剑或许能助你们防身杀贼。千万珍重！"

我们想起一路上多蒙宫素然照料，传授我们画艺，如沐春风一般，心中更加万般难舍，唯有多拜上几拜，聊表我们的不舍之心，最后才挥手作别。

当时正是三春节气，山花盛开，草木葱茏。

我们从燕京西郊的牲口市上买了两匹马当坐骑，催马扬鞭，沿着太行山南下。一边纵马，一边欣赏山光丽景。

到了晚上打尖住店的时候，我们技痒难耐，忍不住图画起来。好一个太行山，高崖绝壁，巉岩峻岭，丰草长林，鸦飞鸟啼，虎跳猿攀，说不尽的惊险之处，道不尽的威吓之声。我们一一回顾白天所览，晚上细细画来，倒也颇解旅途劳顿。

第二天继续上路，我们从一处深涧通过，两边是峭壁悬崖，裸露的岩石横空突兀，好不吓人。两壁之间有二三十米，中间横着一道溪流，却没有寻常溪流平静缓慢的姿态，反而湍流涌动，旋涡汩汩，仿佛碎玉乱蹦，碎琼四溅，那声音在涧底混响，让人心惊。

涧边还竖着一块石碑，上面苔藓斑驳，露出三个苍然遒劲的大字：恶虎涧。

子满惊道："老哥，难道这里有老虎出没不成？"

我心里也没底："老弟，宋代管老虎叫大虫，你忘了老爸给咱们讲的武松打虎的故事？那里面就管老虎叫大虫。这大虫可不好惹，咱们也不是武二郎，还是不要遇见的好！"

子满咧嘴笑道："老哥，你是不是怕了？别怕，你忘了咱们这儿有剑！"

我一脸鄙夷："剑？武松比你武功高吧？他打虎是仗了一股酒劲，浑然一副胆略。你看看你，还没遇到大虫呢，自己先尿了，靠着宝剑壮胆，如何使得？"

"嘻嘻，老哥，我想起来了，武松打虎之前喝了'三碗不过冈'，明显是喝高了。这里上哪儿去寻'三碗不过冈'，只好加倍小心！"

"老弟，这还差不多，要是真遇上了大虫，咱们还得是三十六计——走为上！"

"逃跑！哈哈！"

我发现总结三十六计的人是个有大智慧的人，那么多厉害的计策，只把"逃跑"算作上计，当真是有着丰富的实战经验。在我们几次穿越的经历中,"逃跑"实在是屡试不爽的妙计,能够解决很多生死攸关的问题。

就在这时,只听"救命啊——救命——"几声撕心裂肺的喊声,响彻恶虎涧。

我们大惊失色,把背靠在一起,往四下里张望。

子满下意识地掣出了宝剑,准备应对突发情况。

我则四外踅摸孔道、幽径,仔细观测着水道,心里盘算着待会儿可以从哪里逃跑。

"救命——救命——",呼救之声再次响起,而且比刚才的更加迫切和凶险。

我们循着声音登上一块高大的岩石,然后就被不远处发生的一幕惊呆了。

2

一个四十出头的中年人跟一位少年正哆哆嗦嗦地立在一处岩石上,背后就是石壁,退无可退。那少年的衣服已经被猛兽撕扯得七零八落,现在他手里拿着一根不知道从哪儿拾起的木棍,不住地挥向猛兽。

那猛兽不是老虎,其身形比老虎略小些,但身子更长,

尤其那条尾巴几乎等身，高高地扬着。通体都是黄色，但其身上、脸上黑斑密布，远远望去就像是一张黄色的筛网。一双眼睛更是冒出狡黠而凶恶的光芒。我从小就喜欢看《人与自然》，因此一下就认出这猛兽是一头豹子。此时它的四只爪子正狠狠地抓在地上，左一下右一下地扭动，似乎故意在消耗那两人的精力，等着他们稍稍放松警惕，就一跃而起，大啖其肉。

"老弟，奇遇了！没想到在恶虎涧遇到了豹子，这条涧要改名叫恶豹涧了。"

"老哥，别打哈哈了，赶紧想想怎么救他们吧，要不然他们估计就被这豹子打牙祭了！"

"废话，我这不是正在想吗？你怀里那点儿石头子估计也没用了，打在豹子身上，充其量是挠痒痒。这可难住你神机妙算、算无遗策、运筹帷幄的老哥我了!

子满诧异道:"老哥,你今日过于啰唆!"

我嘴里虽在啰唆,眼睛却把周围的情况好好地侦察了一番。我发现,我们所站的岩石边上,也就是跟山体石壁相连的地方有一棵古松,颇有参天之势,上可通到另外一块岩石。在那块岩石差不多的高度,参差错落着数块岩石,上下都可以通过缝隙间的松树连接,可以一直连接到那两人所立的岩石附近。

我把谋划好的路线给子满一指:"老弟,这可是考验咱们攀岩功夫的时候了,幸亏老爸老妈没少带咱们去实景攀岩,要不然今天可要为难了。"

"老哥,我不担心攀岩,我担心的是我们攀过去了,怎么解救他们!"

"你真是的,法子都是一个一个想的,我现在只想到如何接近他们,还没想到如何搭救他们,兴许在我们攀岩的过程中,我一心惊一害怕,主意就有了,难道你没听说过'急中生智'这个词吗?"

我们沿着绝壁攀岩,说实话,当时我的腿肚子都在转筋,不知道子满那小子有何感想,反正我是真的害怕了。有一下我从松树上往下顺,脚一下子踩空了,也就一秒,吓得我从脑瓜顶凉到脚底板,下望时看到那幽深恐怖的深涧仿佛一张血盆大口,等着我们掉下去成为它的美餐。

好不容易到了离他们两人最近的那块岩石,我们朝下一看,好家伙,那少年还在做最后的挣扎。可那豹子又向前进了好多,也不着急,像戏鼠猫似的,等着那两个人筋疲力尽。

我们在高岩上着急,不知道如何施救。头顶上传来几处猿猴声,声音凄厉,如同报丧。我十分恼火,就跟子满说:"老弟,你用石子打那些讨厌的猿猴,让我耳根清净清净。"

子满从怀里掏出几颗石子,往猿声方向一抖手,欻欻几声,那些猿猴纷纷攀援逃窜。

我看得真切,猿猴所攀援的都是些古藤,千百年来生长在崖边壁上。再往我们所立的岩石四周一看,果然到处都是这种肆意疯长的古藤,只有零星几棵松树从古藤的缝隙中努力挺立出来,好像钉子一样钉在石壁上,又好像把藤网挂在了"钉子"上。

我兴奋地说:"老弟,救人之法就从这古藤上得了!"

"老哥,你快说!"

"咱们只需学学那些猴子,一手抓住藤条,荡悠悠,悠荡荡,上可上,下可下,进可进,退可退,四下岩石可作为

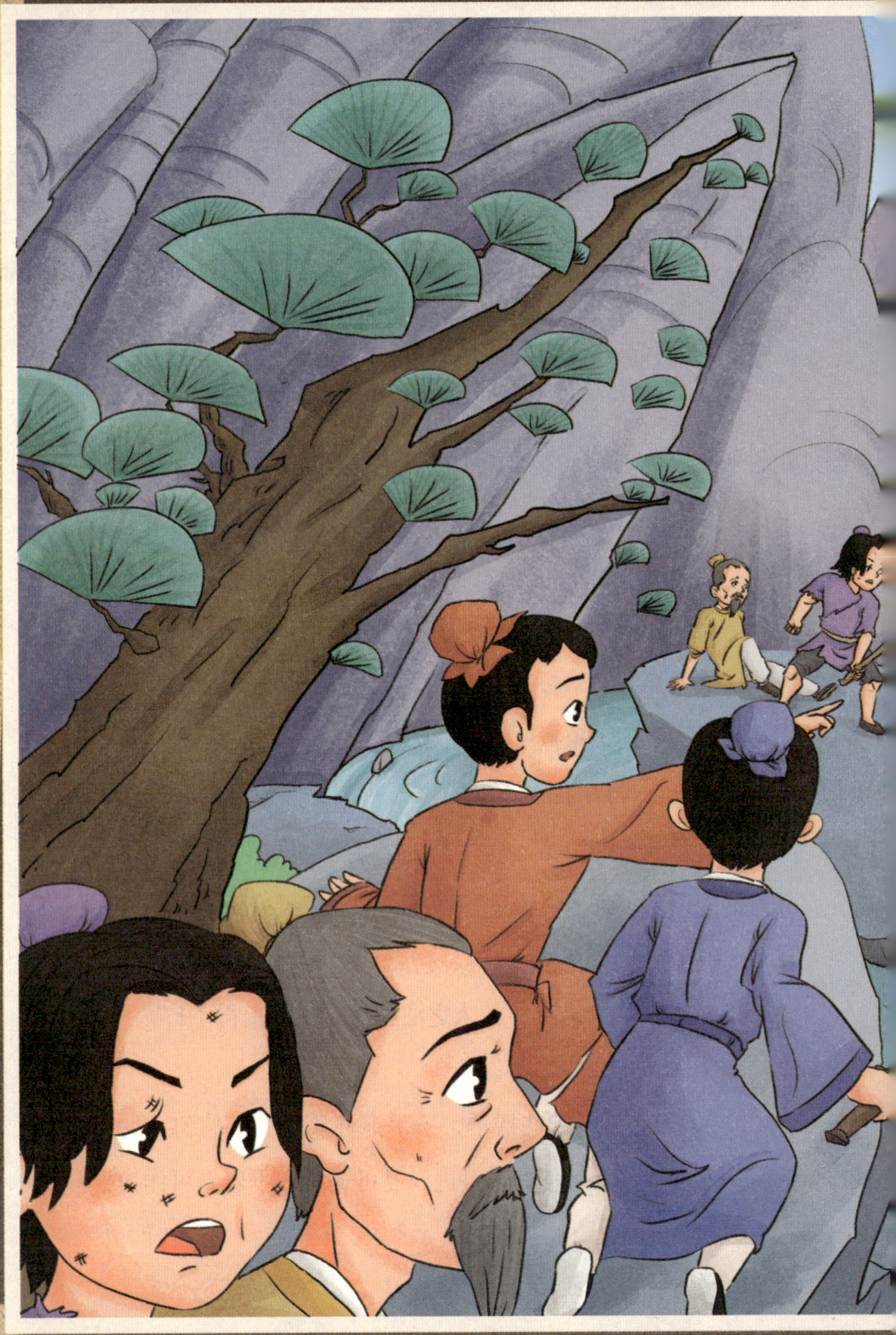

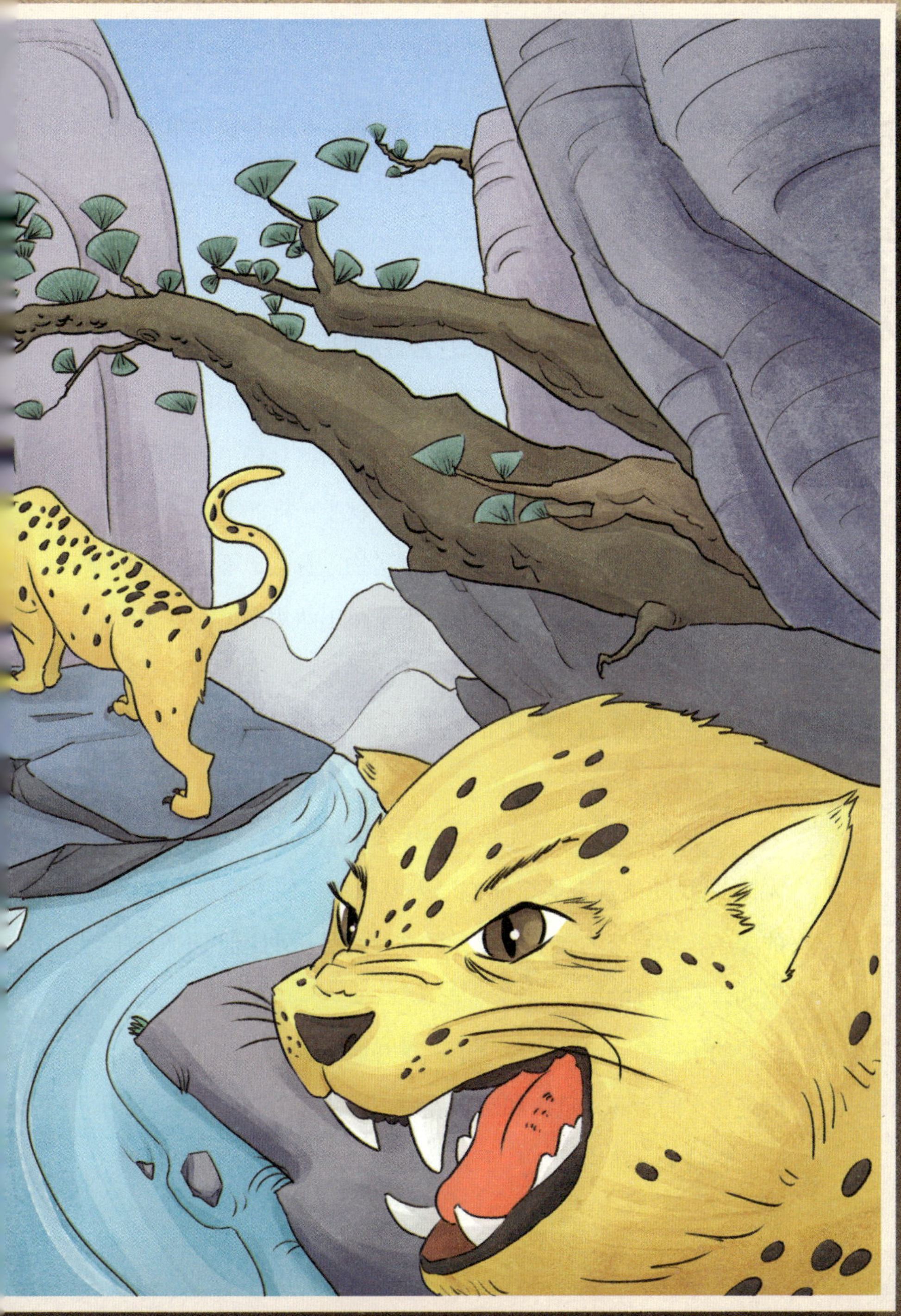

立足之地，攻击完就可回到岩石上自保，如此把这花里胡哨的畜生给折腾够了，再给它来个致命一击，一切不就都解决了吗？"

"老哥，我早就知道你行的！"

"别拍你老哥的马屁了，赶紧行动吧，救人要紧！"

有了办法，我们也来了精神，用宝剑斫断几根古藤，每根都有手腕粗细，系在腰间，将身子倚石壁立稳了，然后蓄势猛然弹出，凌空射了出去，就像荡秋千一样。

豹子一心只用在即将到手的"猎物"身上，不提防有两道影子从头顶上掠过，唬得它一下子跳出两丈多远，惊魂甫定地望着空中。

我趁机喊道："那边的两位，还不攀上古藤，更待何时！"

到了逃命的时候，无论是中年人还是少年，动作都奇快无比。我的话音未落，他们二人就顺势抓住子满扔向他们的藤条，然后努力向上攀爬，很快就到了一处比他们刚才所立的岩石更高的岩石上。

豹子一看到嘴的肥肉飞了，震怒地咆哮起来，吼声在深涧绝壁之间激荡，吼声和回声混成一片，凄厉而恐怖。

它跳上一块岩石，几乎立起了身子，朝着我们几个人张牙舞爪，无比狰狞。

3

我跟子满说："此兽不除，必定还要祸害他人！"

子满害怕起来："老哥，咱们能除掉它吗？"

"是不是又惊动你那蚂蚁胆子了？"

"我倒不是害怕，难道你有好法子？"

"没好法子就不是你哥了！"

"快讲！"

"常山之蛇也，敲尾而震首，敲首而震尾。"

"老哥，这都什么时候了，你还有心情显摆？"

"平时让你多看些书！我的意思是声东击西，我去当诱饵，你伺机进攻。"

"老哥，你这也太豁得出自己了！"

"别废话了，不入虎穴，焉得虎子？抓紧时间吧！"

我折了一根松树枝，有手腕粗细，拾掇利索了，擎在手中，然后双脚一点岩石，顺势就飞在半空中，从豹子的头上一掠而过。豹子惊诧之余，正要立身扑起，可是一来所立岩石局促，二来藤条掠过的速度实在太快，让它根本来不及反

应。如此三四次，直气得那畜生就地乱转，恨不能肋生双翅。

子满蹑到豹子所立岩石侧上方的一块高岩上，蹑足潜踪，气不长出，也像一头豹子似的，谋定而后动。他见豹子被我溜得晕头转向，暴怒狂躁了起来，似乎是到了可以行动的时刻。但问题是要一击必中，而且要击中其要害，才能发起攻击，否则击不中要害，反受其害。

当我第五次掠过豹子的头顶时，这次我决心要狠狠刺激一下它，就用松木棍猛然向豹子头击去。豹子躲闪不及，结结实实地挨了一下。这下可不得了了，它哪里受过这种刺激，张开血盆大口，从里面喷出许多白沫，四足在岩石上猛击，恨不能像猿猴那样飞来飞去地跟我大战一场。

豹子异常愤怒，几次探出利爪来抓我。它用尾巴缠绕在一块岩石的石柱上，探出身子，打算一口咬住半空中的我。

子满一看机会来了，就在豹子往外探身的时候，举宝剑从岩石上飞下，直刺豹子的后脖颈。就听"吭哧"一声，宝剑刺进去一大半。豹血如同火山岩浆一般喷射出来，喷了子满一脸，正在从当空荡过的我也被喷了一身。一股令人恶心的咸腥气息扑面而来。

豹子忍痛恶狠狠地扭头，打算一口吞掉子满。

我再次从岩石上飞起，这次使出吃奶的劲儿也得救我的老弟，我在身子刚飞离岩石的时候，就把棍子高高举起，等到了豹子的上方，拼尽全身力气，一棍子打在了豹子头上。只见那豹子哼了几声，颤了几下，登时晕了过去。子满这时拔出宝剑，也不知从哪儿来了一股神力，手起剑落，把豹头斩落。

如此惊心动魄的场面早把那一老一少给吓傻了。他们呆立在岩石上，木雕泥塑一般，嘴巴张得大大的，却一句话也说不出来。我们过去架着他们从岩石上攀援而下，来到涧边，用溪水洗去豹血灰尘，才又赶路。

在路上，我们才得知，那汉子名叫李唐，少年名叫王希孟，年龄大概十七八，都是往汴京去的。当听说李唐名字的时候，我忽然想起来，宫素然多次提及的宋代名画《采薇图》的作者不就是李唐吗？没想到竟然在太行山相遇，真是莫大的荣幸。

我们赶紧给李唐行礼,大诉倾慕之意。

李唐惊诧道:"你们竟然知道我的名字?"

我们扶李唐坐下,道:"岂止是知道,简直是如雷贯耳、皓月当空!不知您老这是要往哪里去?"

李唐叹息道:"不瞒诸位小友,我本是宋国画院画工,这次是奉旨外出采风的。我在太行山中游历半年有余,创作了一幅《万壑松风图》,可谓用尽我半生的心血。如今画作完工,我打算回转汴京,交由天子品评。不期先是遇到这位去汴京参加考试绕道北上探望伯父的小友,而后又遇到豹子,幸赖你们兄弟搭救,要不然我就成豹子的嘴下之餐了。"

随即,李唐就把《万壑松风图》展开给我们看。那坚劲的用笔和浓黑的用墨,挺拔的气势和幽远的意境,竟然大大超过宫素然所说。我们不由得赞道:"妙!妙!难怪宫素然多次称赞您,说您是海内画家的魁首。"

李唐连连摇头:"岂敢,岂敢!画中高手太多了,我可不敢妄称魁首。两位也懂画吗?"

我们就把遇到宫素然的事跟老人家说了。

李唐诧异地问:"可是燕山宫素然?"

"正是!"

李唐抚须笑道:"奇缘!奇缘!这宫素然也是画师中的高才,可惜身在金国,不能与宋国的画师品评交流。听说她的人物画可算得海内一品,可惜未能得见。"

"您不要遗憾,宫师父答应我们,说是创作完《明妃出塞图》就会寄给我们鉴赏,到时候还要烦请您老人家品评一二,也是宫师父的荣幸!"

李唐谦逊道:"岂敢,岂敢!这位小友也是作画出身,未来必然是绘画界一颗冉冉新星!"

那少年眉清目秀,只是身子过于孱弱,还没说话呢,倒先咳嗽起来。

我们正要跟王希孟攀谈几句,就听四处铜锣响起,一个声音在高处喝道:"尔等贼人,杀死我的豹子就想逃窜吗?还不束手就擒!"

话音未落,一哨人马已将我们四人团团围住。

万壑松风图

　　李唐所创作的一幅绢本设色山水画作品。画面山峰对峙，攒石巉岩，飞瀑鸣泉，深崖幽谷，各有韵态。其在构图上，大胆裁剪、提炼，整体看来空间立体感强，层次分明。双峰交错，堂堂正正，厚重而拙实，给人以浑厚大气之感，表现为"万壑松风"之境。

　　《万壑松风图》对南宋初期的山水画具有开派的作用，与郭熙《早春图》、范宽《溪山行旅图》合称为"宋画之三大精品"。《万壑松风图》现藏于中国台北故宫博物院。

第 3 章
天子门生

1

真是一波未平一波又起，刚离了猛兽巢，又落于盗贼窝。

围住我们的是啸聚山林的一伙强盗，为首的是一个名叫朱锐的人。他围住我们，带住马，面露凶煞，厉声问道："是谁斩杀了我的豹子？"

没人答复他。

朱锐一看："嗬！还都挺讲义气的，来人啊，全都带回寨里去！"马上就上来一伙喽啰，二话

不说,把我们几个五花大绑,一阵风似的回到山寨。

朱锐吩咐喽啰:"搜身!"

几个小喽啰过来把我们从里到外搜了一遍,只搜出一些银两、几张画作和一把宝剑。

朱锐先看了宝剑,说道:"这自然是杀死我那豹子的剑了。那豹子从小便被我捉到寨中喂养,不知费了我多少心血,如今长大,威风凛凛,让你们一剑斩杀,身首异处?死得实在惨烈,让我心碎。快说,此剑是哪一个佩带的?"

小喽啰一指子满,说道:"大王,是这个家伙!"

朱锐走过来,凶神恶煞一般瞪着子满,咬牙切齿道:"将这厮绑在一旁的树桩上,待会砍头,给豹子报仇雪恨!"

接着他展开那几幅画看了看,刚开始觉得没什么神奇,后来越看越着迷,嘴里发出啧啧的赞叹声,刚才因豹惨死而生出的那股伤心欲绝之情竟抛到爪哇国去了。尤其是李唐那幅《万壑松风图》,他如饥似渴地观赏着,忍不住拍案叫绝,兀自说道:"我在太行山中落草二十余载,日日夜夜都想要把这山石树木画上一遭,竟然从来没有想到笔法和意境竟可以这样美妙,可见之前的创作都是白费了。这幅画作自出机杼,妙啊!真是太妙了!"他赞叹了好一阵子,才转过身来,指着《万壑松风图》问道:"这幅画是你们从哪里寻的？偷的？还是抢的？从实招来！"

子满反唇相讥道："你怎知不是我们画的？"

我瞪了子满一眼，因为情况不明，说错一句话就有可能横遭劫难。

李唐本是文弱画师，从未经历过如此场面——刚从豹口逃生，又被捉到这样一个所在：似乎是在一个山顶的洞里，倒是很宽阔，中央高高的台上点着篝火，四壁都看不甚清，似乎有一排排羊头、鹿头、牛头挂在墙上，好像还有人头，四周站立的人都烟熏火燎一般，个个怒目圆睁。他吓得不轻，颤巍巍地说："是我画的，大王饶命啊！饶命！"

朱锐嘿嘿一笑，道："你们杀死我的豹子，我怎么能轻易饶了你们。难道我的豹子就白死了吗？"

我一听话锋中有转机，夽着胆子问道："大王有什么要我们做的，我们绝不推辞！"

朱锐变脸道："我让你们死，你们也不推辞？"

子满怒道："老哥，别跟他求饶，是杀是剐随他！"

朱锐咆哮道："小鬼！你的一条命抵不了我的豹子。我要把你们扔到毒虫谷去，让你们被毒虫一口一口地咬死，让你们尝尝什么是求生不能、求死不得！"

吓得李唐扑通跪下："大王，饶命啊！我是大宋画院的画师，杀了我，朝廷不会善罢甘休，若是争斗，对大王也是没什么好处的。"

朱锐一脸凶相："拿朝廷吓唬我吗？告诉你说，老子敢在山中称王，就不怕宋朝官兵。宋兵早已被辽兵、金兵吓破了胆，来都不敢来！"

他又问王希孟："瞧你这架势连喘气都费劲，肯定不是豹子的对手。说说，你是干什么的？"

王希孟吓得声音像蚊子哼哼一般："我是到汴京参加考试的。"

"考什么试？"

"天子画院的招生考试。"

朱锐咧嘴笑道："真是奇了怪了，今天画画的扎堆上山了。一个老的，一个小的，肯定都杀不死我的豹子，那么肯定是你们两个所为！"他指了指我跟子满。

子满破口大骂道："贼强盗，你的豹子行凶害人，难道还不该杀！"

"小子胆子不小！"朱锐抽出弯刀，朝子满走去。

我连忙说道："大王，杀死豹子我也出了不少力，我弟年纪还小,有什么手段只管冲我来!"

朱锐恶狠狠地笑道:"你倒是英雄好汉。来呀,把他也绑到树桩子上,一同杀了!"

我刚才看见朱锐对那些画作很是上心,虽不知道其中有何隐秘,但不妨试探一下。我故意向李唐说道:"李大师,我们死后,我哥儿俩所画的《太行行旅图》,您也要设法让宋朝天子看到,天子能够见到我们的画作,我们纵死也能瞑目了。"

李唐来不及思索我的用意,支支吾吾地答道:"好,好,我一定……"

此话果然有效,朱锐向喽啰摆了摆手,道:"先绑了,摘心剜肝也不急于一时!"

②

到了饭时,朱锐让喽啰给李唐和王希孟安排了丰盛的饭食,有荤有素,档次不低。只可怜我哥儿俩,连碗清水都没得喝。气得我只想破口大骂。我发现朱锐似乎对李唐特别优待,不但说话声音柔和,还时不时地嘘寒问暖。

我把这些都瞧在眼里,默不作声。

吃完了饭,喽啰拿来一个布袋子,往地上一倒,昏暗的大厅里仿佛打了几道闪电。好家伙,里面都是斧、锯、镩、凿、尖刀、铁钩之类的器具,被磨得寒光闪烁。

朱锐摆弄着这些东西,是拿着牛耳尖刀在子满的脸上晃了晃,又在我的脸上摩擦着,道:"看是你哥儿俩的嘴硬,还是我的尖刀子硬!"说着照着我的心窝就要刺。

李唐见状赶紧跪下道:"大王,刀下留人!子六、子满两位小友都是为了救我才杀死你的豹子,要杀就杀我好了,反正我也比他们年长很多,多活几年少活几年也无所谓,留下这两个年轻人的性命,让他们活命去吧,呜呜呜……"

朱锐问道:"你这是何意?"

李唐道:"只要大王给这三位年轻人一条生路,你让我干什么都行!"

朱锐喜出望外,道:"此话当真?"

李唐道:"我这把岁数了,岂能说话不算数?"

朱锐道:"要是我让你把你的画艺都传给我呢?"

李唐先是一愣,然后释然道:"如果能够搭救这三位的性命,传授给你画艺又有何不可?只是大王说话要算数,不要戏耍老朽。当真我传你画艺,你就能放过他们两个?"

朱锐咧嘴笑道:"我虽然是个落草的山大王,但吐口唾沫是个钉,绝不食言。我刚才就是为了让您传艺,才故意扬言要杀兄弟俩的!"

说完,朱锐走过去,"扑通"一声给李唐跪下,虔诚地道:"师父在上,弟子朱锐叩首!"

李唐有惊无险,一时之间也不知道是该喜还是该悲,忙把朱锐搀起:"那赶紧放了他们兄弟吧!"

我们被松了绑,又有喽啰把饭食端来给我们吃。

我没好气地说道:"大王有心要学画,直接跟李大师说就行了,还要在我们兄弟俩身上做文章,要不是我看你看画时神魂颠倒,料到你有此一出,非得被你吓死不可!"

朱锐脸上一红,道:"不用点儿手段,恐怕师父艺不轻传!"一句话把大家都逗笑了,气氛马上变得异常轻松。

接下来,我们天天被山寨的喽啰伺候得舒舒服服,吃得也好,穿得也好,加上太行山景色绝佳,让人十分留恋,我们根本不想下山了。

自从拜了李唐为师,朱锐立刻一改原来山大王的跋扈模样,对老师的态度十分恭敬,虔诚向学,一丝不苟,对我们也非常客气。

在李唐教授朱锐画艺的时候，我们也因随之颇受教益，以前宫素然教授的画艺理论知识，当时有许多不懂或一知半解的地方，经李唐一解释，自然茅塞顿开。王希孟也受益匪浅，他的授业老师虽然没啥名气，但给他打得底子好，扎实的功底加上李唐大师的点拨，更使他技艺精进，比之前有了更大的提升。

日月如梭，光阴似箭，很快我们已在太行山上留待了一个多月了。这天，王希孟提出要下山，他道："诸位高贤，学生要到汴京应考，如今考期临近，我还须早早上路。近来多受诸位教益，日后必当报答！"

李唐道："你天资卓越，将来必当超越我辈，一定要戒骄戒躁，虚心进益，此次进京赶考必能一战而胜！只是你身

体孱弱，一路上风尘滚滚、兵马萧萧，我担心你的出行安全啊。"

我跟子满齐声道："您老不要担心，我们跟王希孟一同进京，相互照应，应该无虞。"

李唐惊讶："你们也要走？那我怎么办？"

李唐知道，要是不把自己的一身技艺传给朱锐，朱锐是不会放他下山的，好在朱锐现在是"乖徒儿"一个，对李唐佩服得五体投地，绝不会为难他的。

子满玩笑道："你现在是'太上寨主'，不会有事的，好好享受这番难得的奇遇吧！"

3

从太行山下来,离东京城不过几日路程,而且都是大道坦途,我们可以信马由缰。

初夏天气,中州大地到处麦浪滚滚,连绵不绝。我们踏着麦浪,很快就到了东京(汴京)。

我们从新曹门入都,下马步行,往旧曹门行去。一路上商铺林立,游人如织,酒馆、药铺、杂食店、绸缎庄鳞次栉比,好不热闹。

过了旧曹门,就上了念佛桥。这座桥历史悠久,据说在宋初的时候,就有一位盲老僧在桥上念佛化缘,风雪不误,四季不歇。盲僧所化的银钱,都用于接济四方穷困潦倒之人。如今,犹有盲僧在桥上化缘。

我们牵马而过,到了盲僧近前,恭恭敬敬地往他的陶钵里放了几块碎银子。

盲僧可能觉出银钱重量有异,忙双掌合十道:"善哉!善哉!少年英才,必定马到成功!善哉!"

我们赶紧合十还礼,不住地念佛。盲僧却连连叹息:"可惜,生不逢时,累及性命,岂不哀哉!岂不哀哉!"说完往地上一坐,继续念佛,不再言语。

子满道:"这真是让人丈二和尚摸不着头脑!"

我喝住子满:"你知道什么!老人家好意提醒,他的话宁可信其有,不可信其无,我们自加警醒也就是了。"

王希孟也说:"听说这盲僧已快两百岁了,太祖爷黄袍加身的时候他就在这座桥上化缘,跟华山的陈抟老祖是好友,时常往来讲道。"

子满一吐舌头:"那样的话,还真是不可造次!"

我跟王希孟说:"希孟兄,咱们一路同行,我对你早是倾心结交,如今到了都城,离画院考试还有几天,不妨找一家酒家住下,养养精神,然后就像李唐先生所言,高中状元,金榜题名,不好吗?"

王希孟笑道:"正如君言,我也是这么想的。"

我们在城中逛了半日,在南城宣德门外找了一家正店住下。

正店就是带住宿的酒店,跟脚店有区别。正店可以自家酿酒,官府颁给营业执照;脚店就不行了,得从官营酒肆那里批发酒水。

我们所选的"遇仙"正店,是宣德门外最有名的一家酒店,不但饮食精美,服务周到,而且地处汴京的繁华地段。

安排王希孟好好休息之后,我们也只是粗略逛逛,毕竟

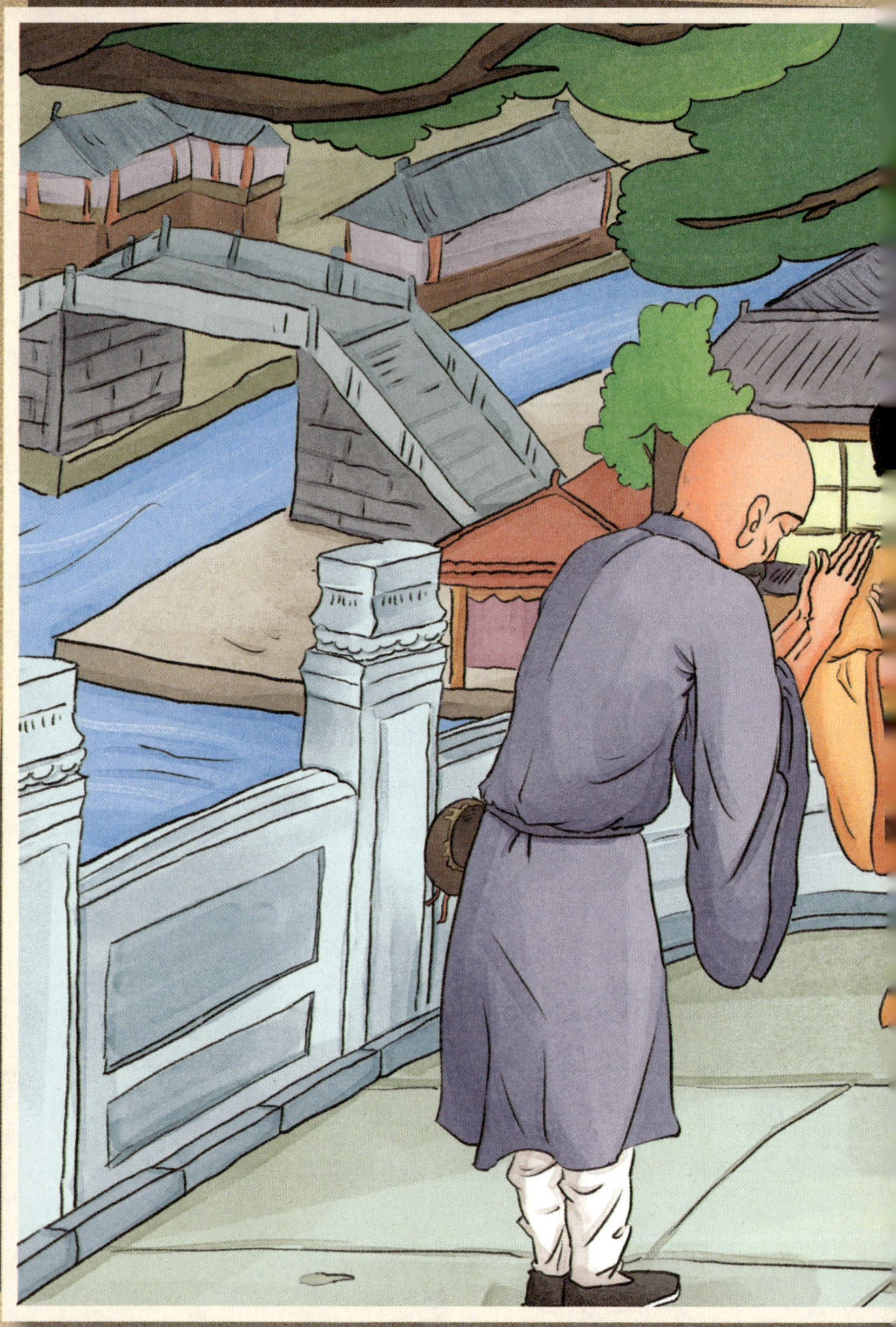

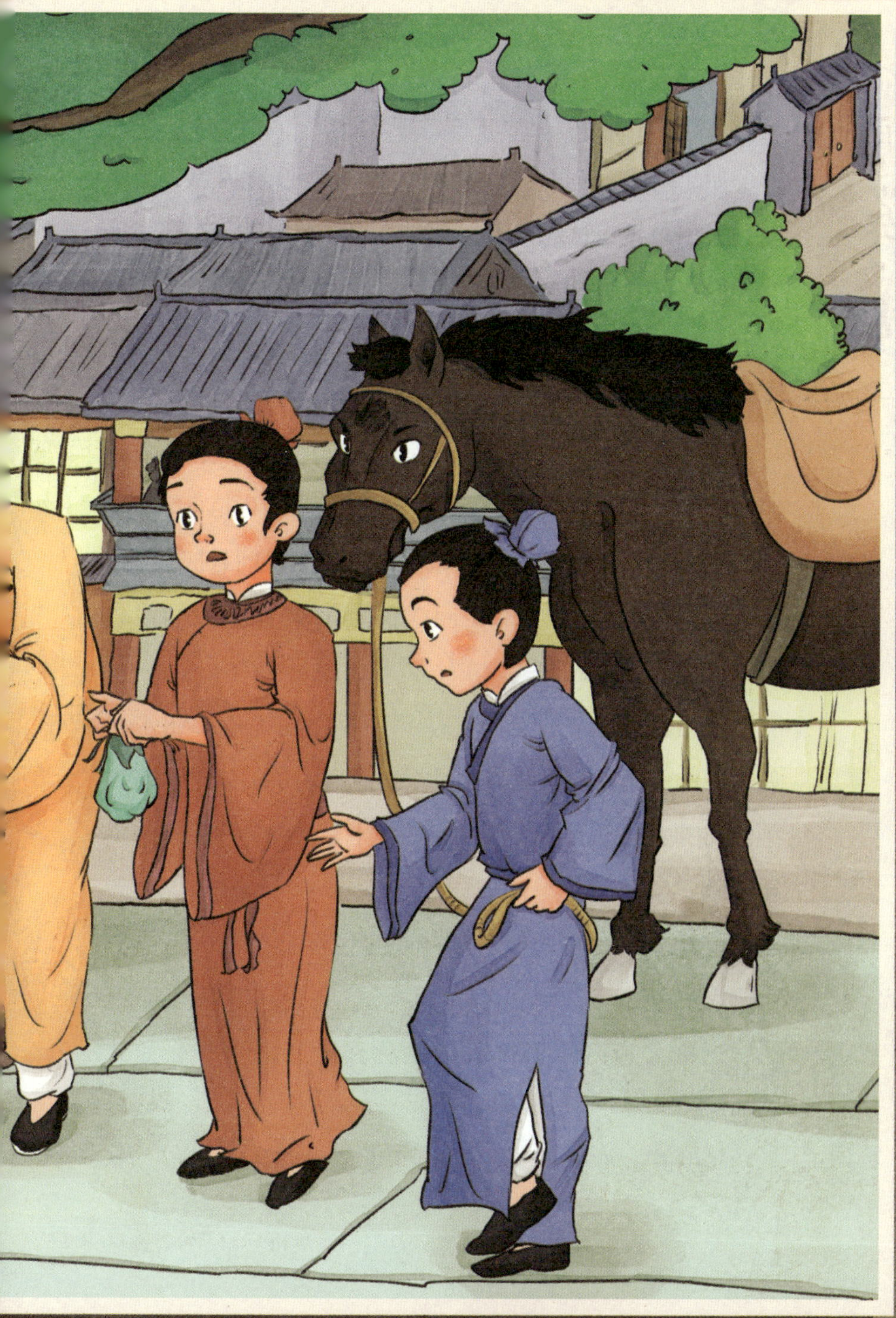

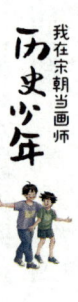

一路上的惊险刺激,还没能回过神来。

如此过了三五日,日日都是美食佳酿,好不快哉,很快就到了王希孟应试的日子。他早上很早就出去了,到了日头偏西才回来。出去时一袭青衫,面无表情;回来时青衫依旧,脸上却多了一层喜色。

我们就问他:"王兄,好事成了?"

王希孟喜出望外地道:"十有八九吧!天助我也,我原本学的是青绿山水,这次考试,皇上偏偏考的也是青绿,我得心应手,不出差错的话,拿头一名,应该没问题!"

我真替他感到高兴,忙问:"何为青绿?宫师父可没教过,李师父也没提及!"

王希孟让小二沏壶好茶上来,慢慢地说道:"山水画领域中的一个独特画科,已是很少有人用了,只是从未灭绝。如果我告诉你们青绿的起源并不是青绿,你们肯定觉得奇怪。"

子满道:"你再不快说,我都要奇怪死了。"

大家一笑。

王希孟道:"咱们都将绘画称作丹青,为什么如此称呼?"

子满道:"你再要卖关子,我可要急死了。"

我笑着瞪了他一眼："你耐住性子，听希孟把话说完！"

王希孟道："在汉代以前，国画都以青、赤、黑、白、黄为主，这五色中又以黑、赤色调为主。像那些远古的陶器多以黑、赤两种颜色为主，绘制上几何花纹与动植物花纹，朴素而真实地反映当时人们渔猎、采集等劳动场面。这种以黑、赤为主色调的绘画作品一直持续到南北朝时期。青色和绿色被冠以'间色''贱色'，为人们所不喜。但随着佛教文化的传播，尤其是敦煌石窟壁画的大规模创作，给中国绘画带来了新的色彩感知。可以说，正是敦煌石窟壁画的青绿色调影响了中原传统绘画，促进了青绿山水的产生。"

我喃喃自语道："难怪老爸带我去敦煌莫高窟参观，指着那些花花绿绿的壁画，告诉我说：'别小瞧这些不起眼的颜色运用，那可是开创了一个绘画风格和一个山水画的就高峰啊。'我当时并没怎么在意，现在看来，老爸说的果然没错。"

王希孟还是听到了我的自言自语，但并没有起疑，接着道："没错，敦煌石窟壁画受佛教美术和龟兹画风的影响，多以石青、石绿为主色调，而且一些魏晋时期西域的佛教石窟壁画中已经出现了近似青绿山水画的雏形。正因如此，

游春图

　　隋朝画家展子虔创作，绢本，青绿设色。图中展现了水天相接的情形，用青绿重着色法描绘山水，用泥金描绘山脚，用赭石填染树干，遥摄全景，人物布局得当，开唐代金碧山水之先河，在早期的山水画中非常具有代表性，是展子虔传世的唯一作品，也是迄今为止存世最古的卷轴画。

　　展子虔（约545—618），隋代画家，渤海人。善画佛道人物、车马、楼阁、山水、翎毛等，尤以画山水闻名。《游春图》现藏于北京故宫博物院绘画馆。

江帆楼阁图

唐代画家李思训创作的一幅绢本设色绘画作品,描绘的是游春情境,是作者以"青绿山水"与"金碧山水"创作的国画山水作品,画中山、树、江水和游人融合一处,江上泛舟,山中树木茂盛,游人穿梭其中。此画继承了隋代展子虔"青绿为质、金碧为纹"的山水画风。

李思训(653—718),唐代书画家,甘肃天水人。擅画山水树石,笔力遒劲,格调细密。画作有《山居四皓图》《江山渔乐图》《群峰茂林图》等,著录于《宣和画谱》之中。《江帆楼阁图》现收藏于中国台北故宫博物院。

到了隋唐五代时期，青绿山水开始盛行。最有名的要数隋代的展子虔给青绿山水画正式开源，再到后来唐代的李思训、李昭道父子大加推动，山水画迎来了它的高峰。"

子满终于听进去了，而且很投入，问道："这三个人有什么代表作？"

王希孟笑道："展子虔的《游春图》、李思训的《江帆楼阁图》、李昭道的《明皇幸蜀图》都是一脉相承的佳作，尤其是后两者，已和六朝山水只勾勒外轮廓线不同，其画山石，大轮廓中又细分结构，线条或疏朗或繁密，山石脉络清晰，自成一格。毫不夸张地说，二李父子把展子虔的青绿山水画推向了一个高潮，形成了盛唐最有影响的山水画派。"

我给王希孟倒了一杯茶，问道："那本朝呢？"

王希孟娓娓道来："本朝青绿山水分为两派：一派固守二李画法；一派加入自己的匠心，融入各种皴法。我正是后一派的风格，当今天子自然也是后一派的。我们这一派的名人有郭熙和王诜，尤其是王诜的山水画，师承李思训一脉，画风沿袭李成。他的《烟江叠嶂图》，用笔轻缓，简洁明晰，山石用墨笔勾皴，以淡墨花青渲染，以青绿色复染，再用重彩复皴，最后用华青运墨点苔，整幅画红绿墨色相间，真是别开生面！"

子满问道："你的考试作品应该也是青绿佳作了？"

王希孟道："我的考试作品确实是一幅青绿山水小品。当今天子也是青绿高手，这次画院考试如此命题，也正是他钟爱青绿山水的证明。"

第二天早上，我们还在黑甜之乡，就听外面闹闹嚷嚷，有敲锣打鼓之声。此时，只听一个人高声喊道："喜报！喜报！王希孟，中画院殿试第一名，荣膺天子门生，画院待诏，御赐御酒三坛，披红、戴花、游御街！"

遇仙楼随即放起鞭炮来，噼噼啪啪响个不停。酒店内外的仆从、小厮和顾客纷纷鼓掌，都为这名画技非凡的小伙子感到高兴。

明皇幸蜀图

　　传为唐代山水画家李昭道创作的青绿设色绢本画。作品描绘的是唐玄宗避难入蜀这一历史事件。此画时代特征明显，是反映唐代山水画面貌的重要传世作品。

　　李昭道（675—758），字希俊，陇西成纪（今甘肃省天水市秦安县）人。擅长青绿山水，兼善鸟兽、楼台、人物，并创海景。画作有《海岸图》《摘瓜图》等，著录于《宣和画谱》之中。《明皇幸蜀图》现藏于中国台北故宫博物院。

烟江叠嶂图

宋代画家王诜创作的一幅设色画,描绘的是崇峦叠嶂陡起于烟雾弥漫、浩渺空旷的大江之上,空灵的江面和雄伟的山峦形成巧妙的虚实对比。以墨笔勾皴山石,用青绿重彩渲染,既有李成之清雅,又兼李思训之富丽。

王诜(约1048—1104),字晋卿,山西太原人。善书画,能属文,工于棋。其词音调谐美,语言清丽,情致缠绵。《烟江叠嶂图》现藏于上海博物馆。

第 4 章
千里江山

①

原来宋徽宗赵佶不爱江山爱书画,书画双绝,唯独对治理国家一窍不通,为天下诟病。

宋徽宗笔下的花鸟、人物都非凡品,堪称一代宗师,引领百代风流;他的书法独步古今,自成一家,号称"瘦金体";他创立宣和画院。还组织巨大的人力和财力编纂《宣和画谱》和《宣和书谱》,是书画史上乃至文化史上旷古未闻的盛举。

如果不考虑治国才能,宋徽宗还算得上一个对艺术有追求、有品位的书画家,可惜老天偏偏让他成为一个国家的皇帝，那就有点儿玩笑的意思了。

但是任何玩笑的背后都有认真的成分。

为了把古今书画分门别类地厘清，并集中收录以流传后世，宋徽宗下诏成立画谱、书谱编纂委员会，由他亲自出任名誉总编，由权臣蔡京总领画谱、书谱的编纂事宜，征召翰林院画院待诏、民间画师一同参与完成。

宋徽宗、蔡京有很多军国机务要处理，肯定不能事必躬亲，不过是应景而已，具体的事务交给画院待诏们领衔去做。

王希孟颇受徽宗青睐，被选为画谱编纂的主编。他为了使画谱充满新气象，没有选择那些"老学究"作为编辑主力，而是让我跟子满过去帮他，这件事引起那些老待诏的不满。在他们看来，我跟子满，连同主编王希孟，都是乳臭未干的小屁孩，不知跟谁学了几天画，就敢跑来对他们这些画坛元老级的人物指手画脚，真是岂有此理。可王希孟偏偏是皇上指定的主编，对此他们也是敢怒不敢言。

工作就在如此不和谐的氛围下展开，日常的争吵和明争暗斗也不断上演，好在王希孟品格高远，不跟这些老待诏在琐碎事务上纠缠。

他锐意进取，很

快就督促这些扎手的老待诏把画谱的分类工作完成了。

《宣和画谱》检索古今图画，最终确立了十大门类：道释、人物、宫室、番族、龙鱼、山水、畜兽、花鸟、墨竹、蔬果。体例为每类画科前均有一篇短文，叙述该画科的起源、发展、代表人物等，然后按时代先后排列画家小传及其作品。

这一天，王希孟把所有的编辑都召集起来开编辑会议，我跟子满实在是资历太浅，王希孟让我们管理档案提调、文物检索和后勤保障这些不太需要艺术造诣的工作，属于流程编辑的业务层次，因此安排我们列席会议。

王孟希主编少年老成，用一种非常谦虚但却不容那些老待诏质疑的权威语气说道："多蒙诸位老先生鼎力相助，画谱的分类和体例得以确立。这实在是亘古未有的盛事，也是皇上的隆恩，让我们画坛风生水起。既然分类确立，我们就要按门类去编纂画作，如果需要什么支持和保障，都由子六和子满两位尽力配合诸位。遇到疑难问题，大家还是商量着来！"

王希孟话音未落，就见一个人闯了进来。此人三十多岁，个头不算高，可气头很高，浑身颤抖着，显然是刚才跟门口的护卫推搡了一阵。

这个人脖子上青筋迸出，脸色通红，进来冲着王希孟厉声质问："王主编，少礼！我叫张择端，刚才我在外面听得真真的，画谱分类已然确定，但问王主编一声，十大门类为何无风俗一门！"

王希孟被问得一头雾水："风俗？风俗为何门？"

那些老画师原本就一脸鄙夷之色，现在听了王希孟此话，更加不屑了，其中一位年过花甲的老待诏说道："我老人家画了这么多年画，只知道我们分出来的这十类，哪里听说过风俗画，古往今来有哪个是画风俗画出名的，历朝历代又有哪个留下了几幅风俗画的传世之作？笑话！笑话！"

一群老画师跟着哄笑。张择端的脸更红了，气愤不过，但又无言反驳。

王希孟走到张择端跟前一拱手，说道："兄台莫急，小弟第一次担任主编，经验和能力都不足，恕我才疏学浅，请问这风俗画一门是怎么个来龙去脉，若是真有必要，《宣和画谱》增加一个门类又有何妨？"

张择端见这个少年言语得体，才抑制住怒气，缓缓地说道："刚才失礼，主编勿怪。风俗画也不是怪物，不过是以社会习俗作为主题的画作。这个自古以来就有，并非本朝独创。其源头不是立于庙堂之上的绘画艺术，应该是照实记录,用绘图的方式把事情记录下来,供有关人员参考、判断,目的是'成教化、助人伦'。地方治理尤其注重参考这类画作。有人说风俗画'天人之蕴,性命之妙,治乱安危之机,善恶邪正之迹在焉',这话是一点儿不假。初唐时,风俗画主要以宗教佛像和政治事件为主,但已经出现了向人物、鞍马等世俗化转变的趋势。到了本朝,风俗画迎来了它的高峰。画以载道,凡是有助于淳化民风、匡正得失的事物都可以成为风俗画的题材,使风俗画的境界和创作空间大大超越了前朝,尤其是借古喻今的历史故事画,以及反映小市民和农村现实生活的风俗画,本朝更是独擅胜场。主编大人,你说说看,历史这么悠久、创作天地又如此广阔的风俗画,能不能算作一大画类?"

王希孟深施一礼,道:"如此说来,风俗画当然要算一大门类了!"

一个老画师站起来说道:"张择端,你说得天花乱坠有什么用?你所言的风俗画这一门类已散布在我们所拟的十大类之中,何必再另分一类?"

张择端显然还是不服，脸红红的。

王希孟道："咱们没必要在这里争，是风俗画既然这么源远流长，名作又源源不断，那一定是要分门别类的，但众多画师又都不以为然，认为风俗画原是散布在各类画作中的，没必要单独提出来，我作为主编，也只好互不偏袒，将两方意见汇总了，呈交圣裁！"

张择端拱了拱手："也只好如此。不过就算皇上不待见风俗画，我也要尽我所能，让风俗画别开天地，自成一家！"

这时我忍不住插话道："张大哥，何必在意有类无类，单把画儿画好了，到时候他们八抬大轿来抬着你来开宗立派呢！"

张择端看了我一眼，沉思了一会儿，赞叹："高论！"

2

从画院里出来，已是晌午了。子满早就饿得肚子咕咕叫，问我去吃什么。我跟王希孟一商量，觉得上次吃过的曹婆婆肉饼店的肉饼还不错。子满高兴地道："曹婆婆的肉饼最好吃了，汴京 No.1！"

王希孟歪着脑袋问:"什么'万'?"

我哈哈大笑,道:"他说的是鸟语,不要理他,我们走!"

到了曹婆婆肉饼店里,我们先点了三大张肉饼,又要了两斤熟牛肉,打了三角钱的梨花酿(一种略带度数的清酒),三个人坐下来闲聊。

王希孟叹道:"那位张大哥所说也没什么错,可惜我位卑德薄,不能替他做主!"

我安慰他:"如何分类那是皇上才能定的事情,你能为他争取一下,已经是帮助了他。倘若日后他能拿得出佳作,用实力说话,相信要给风俗画立个门类,也并非什么难事。"

"这倒也是。不知道这位张大哥以前是画什么的,有过什么作品。"

"这个人必定是个高手,要不然也不会这么有底气,敢闯画院,跟那些老顽固争吵了。"

正说着,有个小厮过来,气喘吁吁地说:"两位大爷让我好找,我刚去了趟画院,里面的人说你们往这边来了,我才寻了过来。"

我一看是遇仙楼的小厮,我们赁居在遇仙楼,他找我们一定是有事,就问:"有什么要紧事?"

小厮从怀里掏出一封信呈上道:"北方有书信来。"

我想北方除了宫素然外并无朋友。接过来打开一看，果然是宫素然从燕京给我们写来的信。只见上面写着：

子六、子满两位贤徒！

你我师徒燕山一别，悠悠光景，不觉已是数月有余。自你们走后，我幽隐山林，不问世事，一心作画，不料燕京形势已然大变。我几次到市井去采买物品，看到燕京街市之上，宋国、辽国、金国的人到处都有，互为仇雠，各不相让。刚开始的时候还能遵守外交礼仪，后来势同水火，见面就要争斗。

国与国之间的事情我也不太明白，只是世道不太平，老百姓受欺压，今天是辽兵搜刮凌辱，明天金兵又来作威作福，宋人势力弱些，对付起老百姓来却也不手软！

我听消息说，宋国人想联合金国人灭掉辽国，宋国要收复燕京呢。可是，我看着事情不会那么容易。我虽然不太明白战争的事，可我看金人对待辽人的态度，恐怕将来他们对待宋人也好不到哪去！宋人应该戒备金国才对，怎么会跟金国联盟呢！我实在搞不懂。

有一次，有几个金人打扮的外交使团到我所在的观里拜访，我偶尔听到了他们的谈话——

忘了告诉你们了，我长期生活在宋辽金三国交界的地方，对金人说的话也略懂一二。

他们说，大宋的江山富得流油，尤其是首都汴京，更是宇内一等繁华之地，数不清的金银珍宝、美妇珍玩，穿不尽的绫罗绸缎，还说大宋皇帝喂养仙鹤都用纯金的麦粒，皇家御苑里种满了奇花异草，摆满了奇石盆景……他们做梦都想打到汴京去，看看天堂是什么样。

我敢肯定的是，金兵野心极大，他们的目标是汴京，而非小小的燕京。他们一边蚕食我们的领土，一边厉兵秣马，时刻准备南下侵宋。这可不是我危言耸听，你们身在宋国，可要多加小心。

好了，不跟你们多说了，现在燕京情势复杂，到处兵马横行，老百姓战战兢兢，朝不保夕。人生在世，如浮萍一般，能漂到哪里去呢？只有天知道了！

你们多保重！

惦念你们的师父

看罢，我将面前一樽酒一饮而尽，不尽感慨。

王希孟也把来信看了，叹了口气，喝了口酒，然后又把信看了一遍，又叹了一口气，喝了一口酒，问道："子六，难道眼前这繁华，都是假的不成？"

我叹道："希孟兄，是不是假的，我们身处这万丈红尘之中，最难辨别了，不过，我是从边境过来的，那种惨烈的氛围至今令我心有余悸。"

子满也道："'宁为汴京狗，不做边塞人'，现在北边都在传这句话，可知边境上的人是何等地厌恶战争！"

我慨然道："照宫师父的意思，不日金兵必将南侵，可惜宋主昏聩，不知警醒，将来大宋子民必遭金国铁骑的蹂躏，其时哀鸿遍野，饿殍千里，可想而知！"

王希孟攥紧了拳头："不行，我们得想办法提醒皇上，让他老人家警醒。"

我摇头叹息："皇上正沉浸在自己治下的一片盛世欢歌中，怎么听得进去败兴的话。希孟大哥，你要警醒他，我看是费力不讨好。搞不好要碰一鼻子灰。"

王希孟斟酌道："当然不能直接去败兴了，要乘兴警醒才行。"

子满不解，问道："你有什么好办法？"

我突然有所领悟，问道："难道你要以彼之道还施彼身，用画谏？"

王希孟眼睛一亮："对，画谏！"

③

有这么一段岁月，我永生都难以忘记。在这段岁月里，我成了王希孟的画童，陪伴他游历了大江南北。我们着一袭青衫，遍访名胜，寻幽探微，几乎踏遍了大宋的每一寸山河。

我们登山涉水，或乘一叶扁舟，出没风波之中，饱览大江佳景；或跂一双木屐，拾级而上，领略大山雄姿；或披一身蓑笠，随渔翁往来，领略一江烟雨；或携一把横笛，访隐者而不遇，坐看云起云飞；或荷锄插秧，与老农在稻花香里闲谈年景；或提壶携酒，与耆儒在村社戏楼阔论古今。

回到住地，我们便把这一天的所见所闻，绘成图画。往往是王希孟主笔，我在一旁帮忙铺纸、调色、研墨。古有红袖添香，今有青衫调色，也是一番佳话。

那是我最快乐的一段生涯，远离了庙堂，那些国破家亡的沉痛消息杳然无迹，只有佳山秀水铺排在胸次，吐艳于笔端。王希孟的艺术天赋让我深为折服，从此乃知世上"天赋"一词确实存在，在王希孟的身上表现得尤为突出。他

的那些构思、构图、创意所表现出来的创作力，我想就算是李唐和宫素然这样的作画高手，也难以企及。

在这段时间，我的画技也产生了质的飞跃，虽不敢说大有进步，但技艺和鉴赏能力都脱胎换骨，不再是一个只会作画的人，而成了一个小小的画家了。当然，如果王希孟是一百分的话，我恐怕连二十分都不到，可是这二十分在画界来说，也属罕见。

回到汴京，王希孟一头扎在遇仙楼里，最起码有两个月没出来，也不让人进去，只许我给他打个下手。外面的饭食送进来，也由我接过，等他休息的时候，提醒他吃。

两个月后的一天早上，天蒙蒙亮，我因为实在陪不了他熬夜，前一天晚上就早早地回房间休息了。第二日早上醒来，我看见他的屋子灯光犹然亮着，知道他肯定又是一夜未睡。

我端了一杯茶过去给他解渴，谁知道刚一开门，王希孟就过来握住我的手，激动地说："子六，成了！"

我眼睛一亮，道："真的？王兄，可喜可贺啊！"

我们携手来到画案前，一幅画卷半铺半卷地横在眼前。画案不过四米，若是那幅画卷着的部分展开，恐怕两三个画案也铺不开。我惊奇地道："王兄，这画横有多长？"

王希孟脸上不无得意之色，道："差不多四丈了，其实

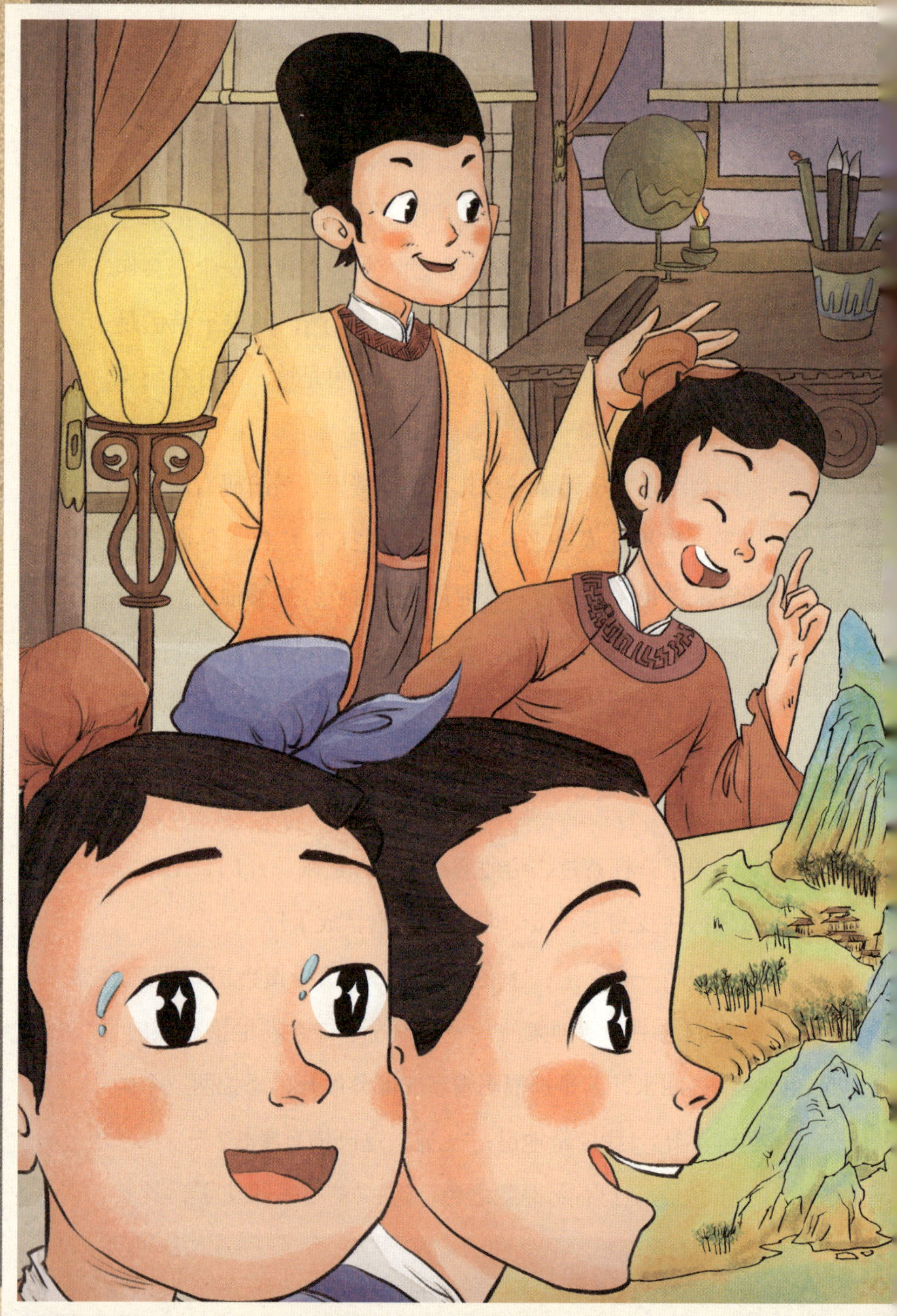

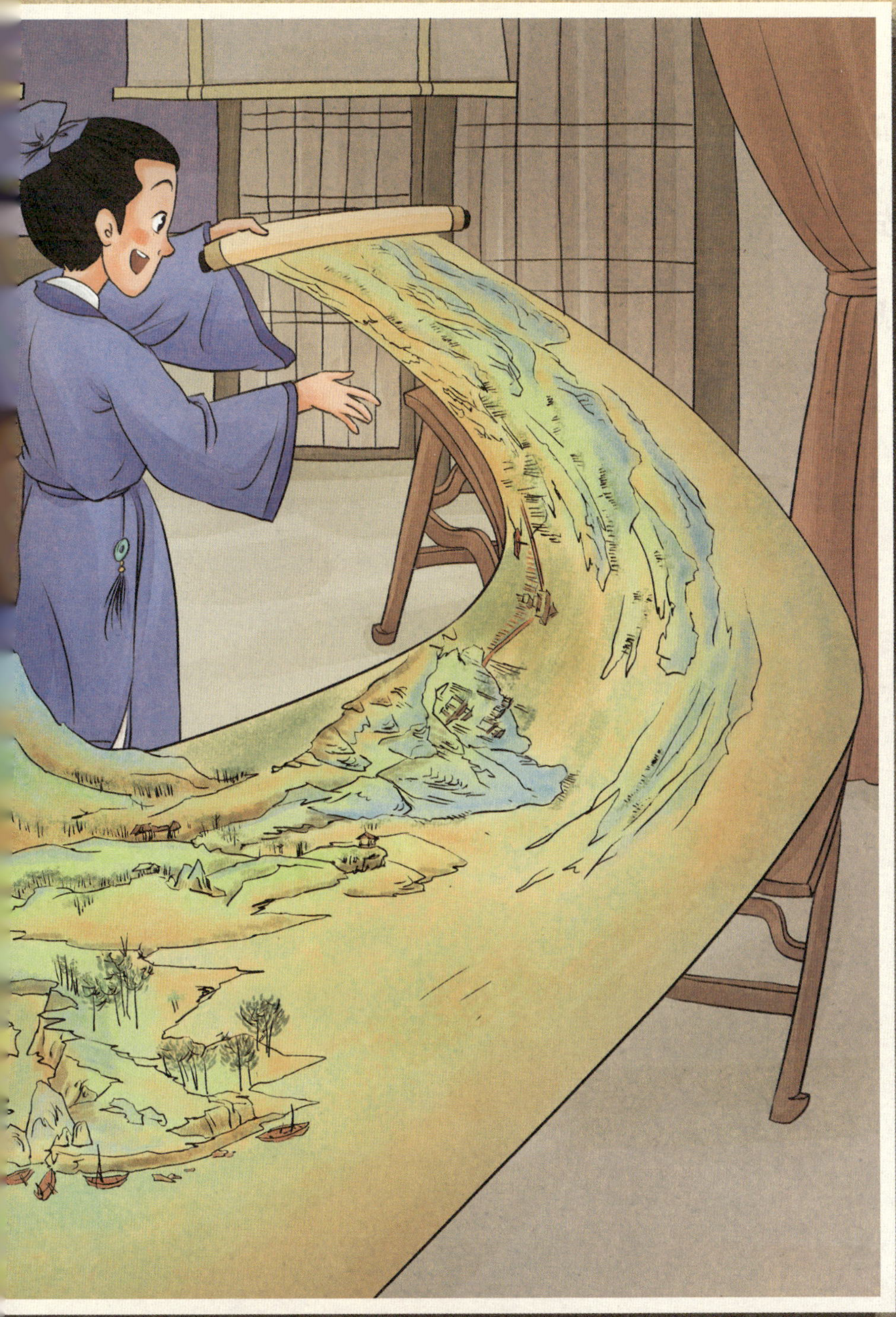

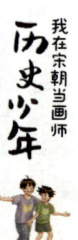

我还意犹未尽,可是不能再画了,再画看起来就费劲了。"

我啧啧称奇。看宽度倒还是寻常,半米略有余。我赶紧叫来子满,让他擎着画的另一端,将整幅画展开。

当整幅画呈现在我眼前的时候,我不由得眼前一亮。虽然这幅画仍是以山水为主题,画法也没有超出青绿的范畴,但其大气磅礴、震撼人心的程度,让人惊艳。

山峦绵延雄秀,高低起伏,与岛湖相连,山水一色。画中各组群山也不是简单的重复,每一次横向的循环都出现许多新的变化,如同乐曲中的变奏;水洼湿地,近看水草丛生,远看烟波浩渺;瀑布流水潺潺,清秀俊逸,清幽壮观……

细节处理也令人惊叹不已。船舶、屋宇、水车、人物栩栩如生,如在现场;光是船舶一项,就包括客船、漕船、渔船、双体船、脚踏船、小舢板等十多种,就连最平常的桥,也分为长桥、亭桥、板桥、拱桥、人字桥等。

在笔法墨色上,王希孟虽说继承了隋唐以来"青绿山水"的画法,即以石青、石绿等矿物颜料为主色调,但他大胆地在青绿色调中寻求变化,施色时注重笔法的变化。色彩或浑厚,或轻盈,间以赭色为衬,使画面层次分明,色如宝石、光彩照人。石青、石绿为矿物色,且极具覆盖性,经层层罩染,物象凝重庄严,层次分明,与整幅画面浑然一体,艳而不俗。

直看得我跟子满眼睛都不敢眨一下，生怕错过任何一处小小的细节。我的眼睛仿佛陷入其中，心中又生出一股强烈的感觉，想进入画中，到那画的天地里去徜徉一番。

我忍不住赞叹道："王希孟，要是能生活在如此天地山河之中，给个宰相也不当啊！"

王希孟道："子六你又说痴话。这些山川难道不是我们前些日子都一一登临过的吗？"

我摇了摇头，又点了点头，道："只是当时已惘然！王希孟，这幅画叫什么名字？"

王希孟尚未作答，子满倒先说道："这还用说，当然是《千里江山图》了！"

王希孟欣然道："我正愁如何命名，子满却说中我的心事，就叫《千里江山图》吧！"

我也深表赞赏。我这位老弟，别看平时吊儿郎当的，关键时候却能够说到点子上。我提醒道："王兄，《千里江山图》画成了，你打算什么时候献给皇上？"

王希孟想也未想，道："我为什么要赶在今日画完？就是因为今天是皇上在画院讲学的日子，我要当场呈上《千里江山图》，劝谏皇上爱惜江山。"

第 5 章
丰亨豫大

①

当王希孟的《千里江山图》摆在自以为绘画、书法为天下第一人的宋徽宗面前时,他受到的震撼无法用语言去形容。

一般人的惊艳也不过是站在外行的角度,看着瑰丽雄奇也就罢了,宋徽宗可是从专业和专家的角度来鉴赏的,他的惊艳来自内行的挑剔心理。

"完美,无懈可击,简直是神来之笔,神品!神品!"徽宗一边欣赏,一边赞叹,他对陪王伴驾的大奸臣蔡京说,"蔡爱卿,这幅画可当得起本朝画院的镇院之宝?"

蔡京也称赞不已:"岂止是镇院之宝,就是国宝也不为过！"

宋徽宗玩味了两个时辰，把上午该处理的国事都给延后了。他的眼神中既有对比神作的赞美，也有一种"实在不相信这样的神作竟然出自一个年轻画家之手"的忌妒之情。他想起了自己在这个年纪的时候，还沉迷于蹴鞠，对绘画尚未入门。

宋徽宗的画作，落款的时候有一个他独创的字，寓意"天下一人"，现在这个落款恐怕要大打折扣了。想到这儿，这位艺术家皇帝心里很不舒服，妒意泛滥。

虽然宋徽宗内心既羡又妒，但表面上仍对王希孟说："大宋自立国以来，到本朝已经一百五十余年，总算实现了繁华盛世，称得上丰、亨、豫、大，爱卿这幅《千里江山图》，正是本朝盛世的写照，难得，十分难得！"

王希孟跪倒，问道："陛下，这千里江山可不可爱？"

宋徽宗道："如此锦绣江山如何不让人爱！"

王希孟道："陛下，大宋从太祖艰辛创业，才挣下这锦绣江山。如今一片繁华，已是极盛之时。北方强敌环伺，没有一日不想入寇，侵我土地，夺我人民，掠我财富，把大宋一团锦绣据为己有，倘若陛下不起戒心，只是安享尊荣，恐怕大祸将至，悔之晚矣！"

徽宗听罢，怫然不悦，脸色阴沉似水，道："如今天下太平，四夷驯服，哪里有你说的那些垂涎和大祸？未免夸大其词了！"

蔡京斥道："王希孟大胆！小小画院待招竟敢妄言国事，是何居心？"

王希孟慷慨说道："生于忧患，死于安乐，古人就懂得这个道理，难道蔡相不懂吗？我虽然是个小小画师，却心怀家国，难道蔡相执一国之重，竟然不把家国放在心里，而忍心把这千里锦绣江山送与敌国？"

"放肆！大胆！胡说八道！"蔡京咆哮道，"我为相多年，好不容易协助陛下造就这繁华盛世，处处丰亨豫大，什么忧患、危机，分明是危言耸听！你如此诬蔑国之宰辅，按律我当重重治你，但念你是个毛头小子，不与你计较！"

王希孟泣道："陛下，子六、子满两兄弟从北方来，对北方情势略知一二，据他们看来，北方动荡不安，辽国腐败无能，欺压百姓，迟早会被金国灭掉。金国野心极大，灭辽之后，必将举大兵侵宋，可惜大宋举国上下，安享荣华富

贵，不但不知警惕，还幻想与虎谋皮，与狼谋食，这是何等蒙昧！"

徽宗默然不语。蔡京却恶狠狠地说："简直是一派胡言！陛下正在谋划联金抗辽的大手笔，眼看着就要大功告成，岂能被你一句话就抹杀了！陛下，黄口小儿竟敢妄议国事，我看不杀不足以正国法！"

说这番话时，蔡京的脸气得像紫茄子一样，恨不能一口把王希孟吃了。

2

王希孟还想说什么，宋徽宗一摆手，道："罢了，王爱卿也是一片拳拳爱国之心，不过是少年气盛、言语激烈罢了。本朝丰亨豫大，朕正想推恩于四海，就是辽、金、西夏也要同沐盛世荣光，你何必杞人忧天呢？"

王希孟还想再进谏，宋徽宗却不想听了，说道："这幅《千里江山图》，朕十分喜爱，赐给蔡爱卿，张挂在堂上，日夜观赏，提醒国之重臣时刻不忘大宋的锦绣江山！"

蔡京谄媚道："臣正想向陛下讨要这幅神作，悬挂在臣邸的厅堂之上日夜观望，时刻把大宋江山铭刻在心！"

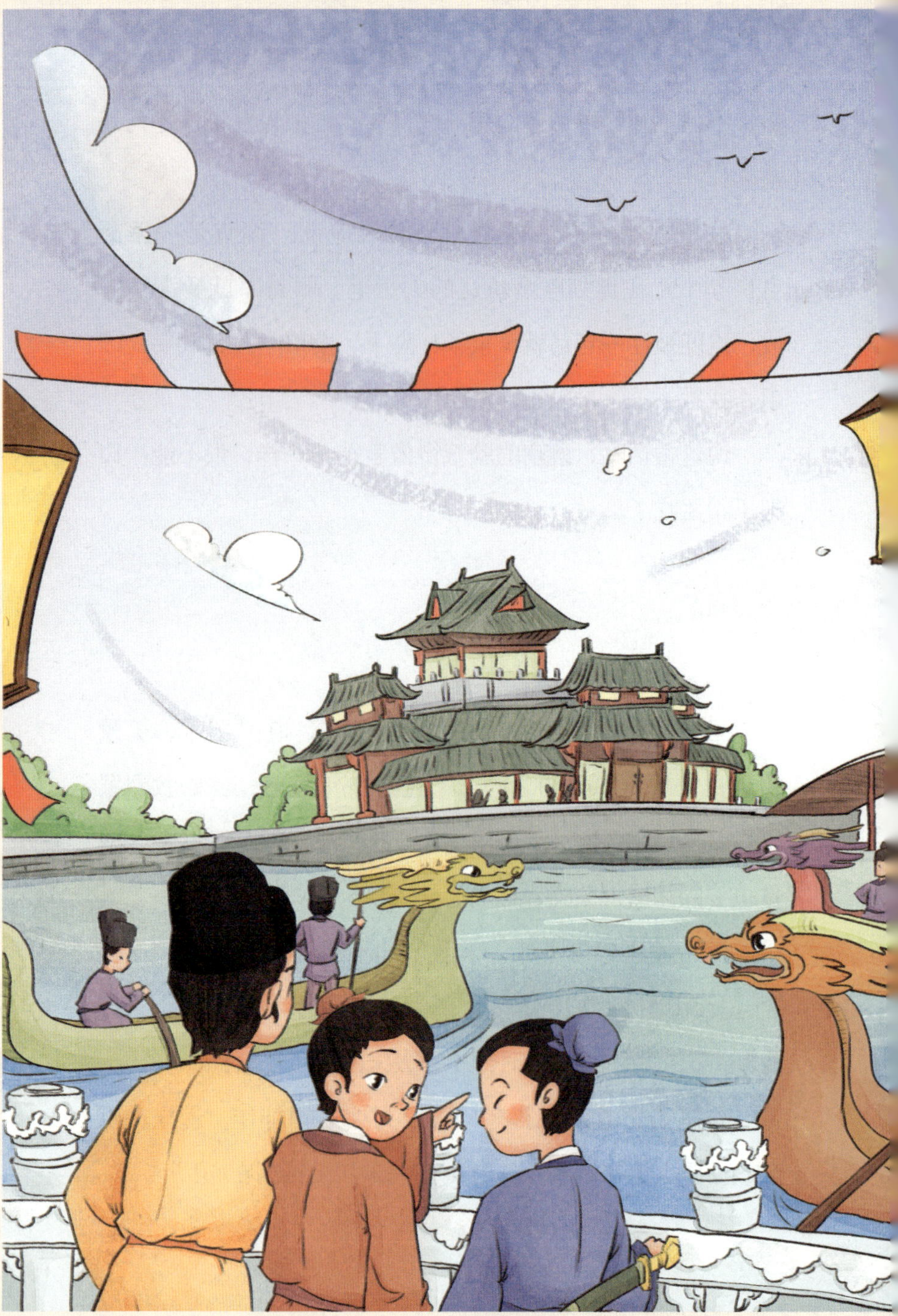

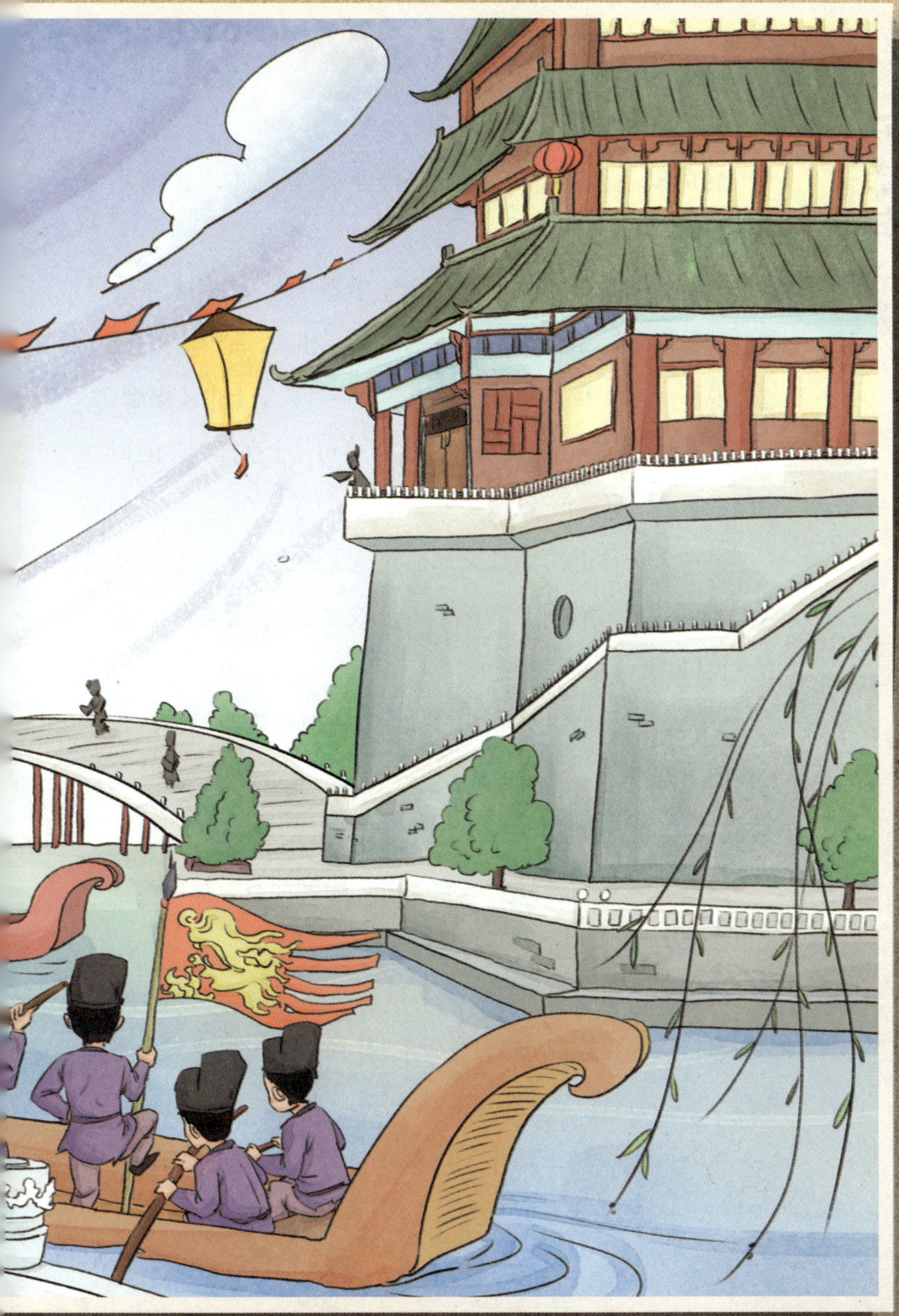

王希孟切齿道:"别玷污了我的画!"

蔡京气急败坏道:"要不是陛下爱惜人才,我绝不饶你!"

王希孟一脸失望地回到遇仙楼,我跟子满正在喝着茶等他的消息。他见到我们,坐下狂饮了几杯茶,把事情的经过述说了一遍。我拍案而起道:"忠言逆耳,皇上也忒糊涂。蔡京这老贼欺上瞒下,毫无顾忌,用一句'丰亨豫大'的谎言欺骗圣上,真真该死!"

王希孟叹息道:"该死又如何?皇上还不是对他言听计从。只可惜我那幅画,竟然落入奸贼之手,玉堕尘中,大不幸也!"

子满道:"暂且让蔡奸相替你保存一时,等有机会,我给你盗出来。"

吃罢了茶,我们到街上散心。

正是清明节气。城内暖意融融,杨柳都着了春意,百花也在枝头等候着春光。

在宋朝,清明节可是个大节日。大宋皇室这一天要到奉先寺扫墓。百姓们围在奉先寺的四门希望能一睹这盛大的场面。

城内的纸马铺提前在当街高搭纸楼,用来招揽生意。

前后几天，四郊就像开了市场一样，芳树之下，园林之间，山石之侧，河溪之畔，到处都罗列杯盘，载歌载舞，诗词唱和。

宋人还专门为野炊制定了相关的规制，称为"门外土仪"，由各种吃食组成。负责保卫皇城的禁军这一天也从四门出来，跨马作乐，称为"摔脚"。其旗旌鲜明，军容雄壮，人马精锐，成为一道独特的风景线。

我们溜达到京西顺天门外的金明池一带，那里人山人海，来往如织。

我们用尽浑身力气，挤到人群之中，把脖子伸得长长的，耳朵竖得高高的，脚尖踮起来，往金明池里探看。

原来里面正在舟船演练，马上就要进行争标大赛了。这可是汴京一年一度的盛事。

金明池不愧为皇家苑囿，规制宏大，皇家气度俨然。内里最抢眼的要数仙桥，仿佛飞虹饮涧，五彩装饰，鲜艳非常。仙桥直通池水中心的大殿，俗称"水殿"。殿中安放着龙床和朱座，上面悬挂着帷幄铺着御垫，精致肃穆；殿外是上演关扑、百戏、杂耍等各色游戏的回廊；大殿对着一个石头砌就的高台，上面建有楼观，名为宝津楼。楼前通往池门，大门阔百余丈，能够俯瞰仙桥水殿。

我们正觉得看不够,突然有人高喊了一声:"御驾离宫了!"

我对王希孟道:"嗨,这皇帝老儿兴致够高的,上午刚被你劝说了一顿,现在还有心情来看争标大赛,真可谓没心没肺啊。"

王希孟赶紧用手堵住我的嘴,低声道:"子六慎言!你胆子也忒大了,竟敢这么说皇上!"

我吐了吐舌头,扮了个鬼脸,道:"大家心照不宣!"

就在这时,人群闹闹嚷嚷起来,人推人,人揉人,像潮水般涌动。我们抬头往东面看去,御驾赫赫扬扬地过来了。

③

我们被人群拥挤着,都快被挤成了肉饼。幸亏我们身量小,左钻右挤,费了半天劲儿才挤出人群,找到一处比较

宽松的石台，站上喘了口气。还没等站稳呢，就有人拍我的肩膀，说道："几位小兄弟也在这儿，真是佳遇！"

我们回头望去，一看是两个人。其中一个文雅书生模样的人，留着三缕浅浅的胡须，额头上沁出一层细细的汗珠，看来是一路奔波，刚刚到此。

我跟王希孟都认识他，正是那个要为风俗画开宗立派的张择端。我一把拉住张择端的胳膊说："原来是张大哥！你也是来看热闹的吗？"

"我可不是来看热闹的，"张择端一边擦拭额头上的汗，一边说，"我是奉旨来为今天的金明池争标大赛写真的！"

他又牵住王希孟的手说："画院都传开了，老弟你以画为谏，说了许多皇上不爱听的话，皇上回去后非常不悦，连今天的课都没去讲。不过，我佩服你的胆略，说出了我大宋之弊，一针见血。你刚画谏完，他就来看争标大赛了，还让我们这些人画图写真，说是要记录下这繁华，为盛世

写照。"

王希孟苦笑道:"因为张大哥技艺超群,才得皇上赏识,这正是风俗画大展拳脚的时候!"

张择端抱拳道:"画院争立门户的事,现在想来是我唐突冒犯了,老弟如此一身正气,心怀国家,怎么会在画派分立上鄙视我风俗一派呢,是我以小人之心度君子之腹了。"

王希孟道:"张大哥说哪里话,这都是画艺上的争论,并非人格评论。我看张大哥为人爽快,也是个爱国之人!"

张择端紧紧握住王希孟的手,道:"说我爱国,我倒不推辞。我没有胆略去画谏,可是老弟你进谏的那些话句句都说中了我的心思,让我心中也有一股冲动,要向老弟学习来一次画谏!可惜,我的水平未必入得了皇上的法眼,想要画谏很难!"

说话间,宋徽宗已经到了水殿。百姓们为了远远地看一眼,闹闹吵吵,挤挤搡搡。我们也无心闲聊了,延颈向殿中望去。张择端有公务在身,拱手作别,寻找最佳角度画图写真去了。

金明池上,皇上刚坐稳当,早已准备好的百戏、杂耍就开始上演了。在四只彩舟拼成的舞台上,耍大旗的,舞狮豹的,耍大刀的,耍蛮牌的,装神鬼的,演杂剧的,异彩

纷呈。演示的团队，专门由两只船载着，乐声借着水音传出很远。还有两只舟演木傀儡戏。更精彩的是"水秋千"。在两只画船上，架起一座秋千，表演的人在鼓乐声中，蹴起秋千，在秋千上表演各种高难度动作，然后跳入水中。

这些水上娱乐互动完了，才是今天的重头戏——争标大赛。

参加大赛的有小龙船二十只，虎头船十只，飞鱼船两只，鳅鱼船两只，这些船或大或小，皆造型精美，装饰华丽。船只都设着旗鼓铜锣，各有军校操楫执棹，他们穿着不同颜色的衣服，有一人立于船头指挥。

有一称为"奥屋"的船坞形建筑，里面便是皇上御乘的大龙船，大龙船长三四十丈，宽三四丈，头尾装饰有鱼鳞龙鬣一般的硬饰，都是雕金镂银。甲板以上建有楼台，四周用栏杆围住。里面是装饰豪华的御座，设有龙水屏风。观看比赛时，皇上坐在御座之上，通过龙首的军校用旗语传达圣意。

一开始，那些小船都到奥屋这里，用彩绳牵引大龙船出来，然后争先围着龙船团转翔舞。虎头船是专门用来牵引龙船的，为其先导。

准备比赛的时候，船只分成两队，东西相向而立。两边各有十只小龙船在前列阵，后面是虎头船和飞鱼船。如同两军对垒一般。然后，水殿前搭建的水棚上有一名军校舞动红旗，双方各自鸣锣出阵，围着大龙船旋转，称为"旋罗"。完毕后，军校挥旗，两队分开，各队自成圆阵，名为"海眼"。军校再挥旗，两队交互穿插而过，称为"交头"。这些动作都做完了，所有船只列在水殿的东面，有一只小舟漂摇而出，有军校立于船头，手执一杆，杆上悬挂着大赛的彩头，谓之"标杆"，远远漂去，插在水中。殿前军校挥动旗帜，所有船只鸣鼓并进，最快获得标杆者为赢。

比赛完了，御驾还要到金明池对面的琼林苑中，稍作休憩，再驾临宝津楼，与宗室、百官、后宫嫔妃一起观看百戏为乐。

我们挤在人群中，在一片热闹当中，我在子满的耳畔说："老弟，你也穿越了几个朝代了，繁盛有比得上此时此刻的吗？"

子满歪着脑袋想了想："强汉盛唐，恐怕不如！"

王希孟痛心道："触目而来，莫不是民脂民膏。如此挥霍无度，民何以堪！可惜，那些围着皇上屁股转的权臣、重臣没一个敢针砭时弊，一个个都是马屁精，国家在这帮人手上，将来如何是金国的对手？哀哉！哀哉！"

第 6 章
以画死谏

①

从争标大赛回来，王希孟大病一场。我劝他不要再去画院支应，可他却认为宣和画谱的编辑任务很重，不能拖延。看着他拖着病躯工作，我们都心疼得紧。

有一天他从画院里回来，虽然面带病容，可难掩脸上那股兴奋劲，道："不得了！那位张大哥可真了不起，难怪他非要替风俗画另立一门呢，你们是没看见，他这次画的《金明池争标图》可让我大为折服！"

这也从侧面证明了我的艺术鉴赏水平还蛮高的，我问道："这么快就出来了？"

"岂止是快,简直是又快又好!"王希孟往椅子上一靠,道:"金明池争标大赛你们也是亲眼见的,要是让你们把当时所见所闻画出来,可能记忆得起?"

子满嘴一咧道:"别说记忆起了,单是让我说说那天发生了啥,我都忘了。"

王希孟充满钦佩地说:"张大哥却记得清清楚楚,每一个细节的呈现都让人如同亲临其境,仿佛正置身于争标大赛的现场,而且有好多被我们忽略掉的细微场景也都被他全景式的呈现出来,哪怕是龙船、虎船、鳅船上那些划桨和挥旗的小校的表情都细致入微,纤毫毕现。我算是服了!我可没那份精心和耐心!"

我笑道:"能让你这位天才画家喊声服,张大哥也算是有两把刷子了!"

王希孟道:"你们哪里知道,画山画水容易,有工笔,有写意,有套路,创新的也有限。可是张大哥的风俗画不同,他讲究的是如实描画,可是其中还要有浪漫和想象,这就难了。张大哥所画既逼真地再现了当时情形,又通过人物细微入密的表情启人遐想,非常值得玩味。当真难得!"

我突然想起他的病,心情又沉重起来,道:"希孟大哥,你说起画来头头是道，可你这病吃了几服药了也不见效，我听说，大相国寺东门街界身北巷口，有一家宋家生药铺，那里的药都是道地药材，最不掺假的，我寻思让子满照顾你一下，我去宋家生药铺走一趟。"

从遇仙楼到大相国寺走路并不远，但都是小巷，曲曲折折，有的地方不通车马。

我到了界身北巷口，就见一家大药铺当街而立，人进人出，生意繁忙。踱步进去，吸引我的却不是药材，而是药铺左右两面大墙上，装修的都是画作，左边是《寒林平野图》，右边是《晴峦萧寺图》，都是北宋大画家李成的画作。让我大开眼界。

因为在太行山寨的时候，李唐教过我们给画史，他对李成特别景仰，说他与董源、范宽并称"北宋三大家"。李成擅于山水画，师承荆浩、关仝，画风自成一家，喜欢画郊野平远旷阔的风景。平远寒林，画法简练，气象萧疏，好用淡墨，所谓"惜墨如金"；绘画山石如卷动的云，这种技法称为"卷云皴"；所绘寒林，便是"蟹爪"法，对于宋以后的山水画的发展有重大影响。

宋家生药铺没有在墙壁上画些神农、仲景、华佗、孙思邈这些医道上的圣人，反而用李成的山水画作为装饰，可见

寒林平野图

北宋画家李成创作的一幅绢本精品画作，图绘萧瑟的隆冬平野中，长松亭立，古柏苍虬，枝干交柯，老根盘结，河道曲折，似冰冻凝固，烟霭空蒙而至天际。该图正是李成最擅长表现的场景。

李成（919—967），字咸熙。其先人为唐宗室，后周时避居山东营丘。幼喜诗赋及琴棋书画，尤以画山水寒林著称于时，对后世山水画影响极大。《寒林平野图》现藏于中国台北故宫博物院。

晴峦萧寺图

　　北宋画家李成创作的一幅绢本淡设色画，此画以直幅形式展现冬日山谷景色，画中群峰兀立，瀑布飞泻而下，中景山丘上建有寺塔楼阁，山麓水滨筑以水榭、茅屋、板桥，行旅人物活动其间。画中山石雄伟而秀美，皴染用笔多有变化，兼具关仝之雄浑与李成之清润。《晴峦萧寺图》现藏于美国纳尔逊阿特金斯美术馆。

这家的老板也是个爱画的。

我正对右壁上那幅《晴峦萧寺图》看得入迷——高山峻岭，深沟巨壑，前景突兀巨石，一边平缓，一边峭拔，陡峭面作细笔皴擦；中景山涧瀑布飞流直下；前景深潭，与远景处一悬瀑形成呼应之势。综观全图，笔法娴熟老健，用墨层次分明，浑厚苍劲——据说，李成嗜酒，想得到李成画的人，都要为他准备上好的美酒。李成酒酣时便开始提笔作画，所画山水往往烟云万状，神妙得意处众多，非是笔墨所能够达到，这完全是美酒的功效所致。

坐堂看病的老先生看着我对画着迷，告诉我说："当初创下这座生药铺的老板姓宋，深知李成的爱好，常以美酒款待他。李成一到药铺，往往醉酒数日。当酒兴高涨之时就开始作画，他挥笔潇洒，不仅在素纸上挥洒，在门板上也挥毫泼墨。《晴峦萧寺图》便是李成在此情境下创作出来的……"

我惊讶道："莫不是李成的真迹？"

"你以为呢！"

正聊着，突然有官兵闯进药铺，嘴里凶恶地吼道："生辰纲要借道，宋家药铺赶紧搬迁！"

2

"搬迁？"我十分不解地问那老先生，"生辰纲跟这药铺子有什么关系？"

老先生摇头叹息道："你小小年纪哪里知道！本朝天子崇信道教，爱好绘画书法，喜欢搜罗天下珍宝奇石。这不，万寿节就要到了，各地要给皇上进献生辰纲。从一朝的宰相到各地官府，为了讨皇上的欢心，变着法地搜刮奇石。其中有个叫朱勔的官吏，坏得流脓，专门走访天下，巧取豪夺，把民脂民膏视为浮尘，把老百姓的财产等同于飘絮。他要是知道哪里有奇石珍宝、奇花异草，哪里就要倒霉。他想尽办法也要把这些东西据为己有，然后一部分送给皇上，一部分中饱了私囊。如果谁家要是挡了他运送石纲的路线，就是王侯将相也得搬迁，遇桥拆桥，遇寺拆寺，要是不配合，官兵就过来强拆，那时候什么都保不住，小老百姓哪里斗得过官家啊。"

我听了十分气愤，问道："难道皇上就任他们胡来吗？"

老先生叹了口气："上有所好，下必甚焉。要是皇帝不喜欢这些奇石花草，哪里还有什么生辰纲？皇上信道，就有一帮道士围着他转，唬得他晕头转向。前几年，为了修造

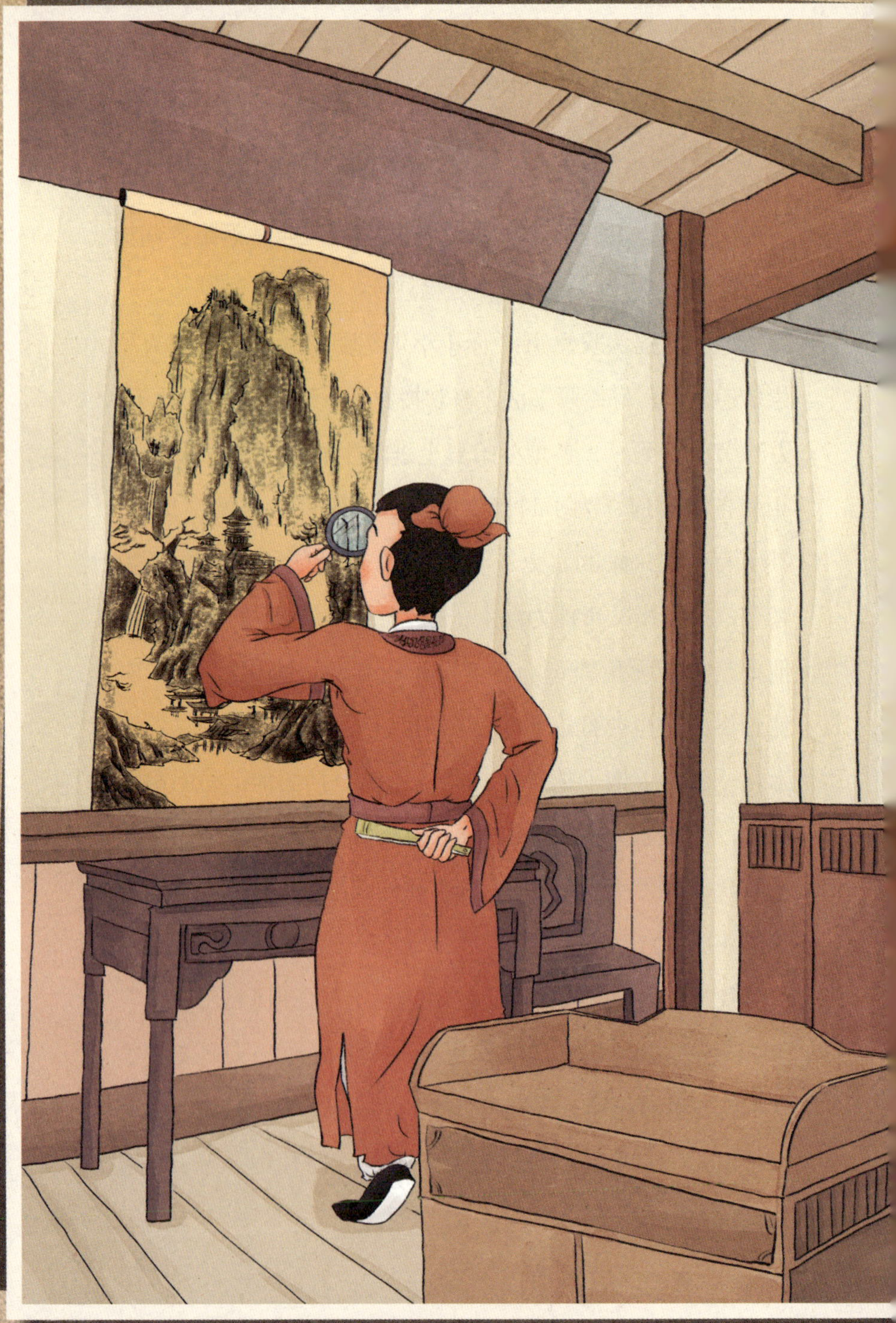

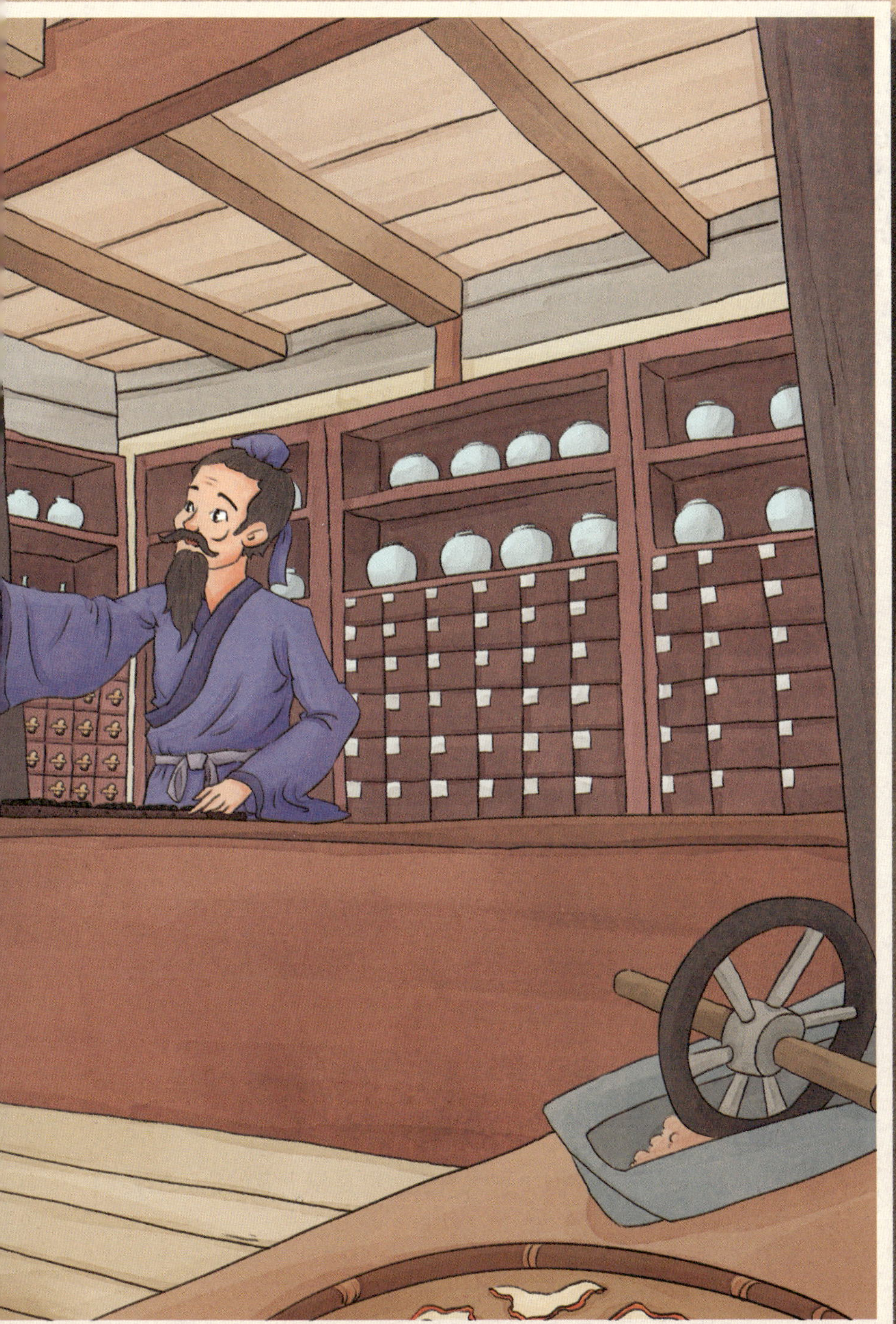

艮岳，天下百姓倾家荡产者不计其数。据说这座艮岳，要'括天下之美，藏古今之胜'，里面遍植奇花美木，养满珍禽异兽，总之要极尽奢华。狗官朱勔为了逢迎上意，役使成千上万的山民石匠和船户水手，不论是在危壁削崖，还是在百丈深渊，都强令采取。单说他从太湖得了一块巨石，高达四丈，搬运十分困难。朱勔为了把这块巨石运到汴京，就想了个办法，用胶泥把石头封住，再裹以巾麻载运。为了运送巨石，皇上授予朱勔任意抽调官、商用船的权力，最终巨石才载于巨舰，以数千名纤夫，历经数月，运到汴京，现就在城外，等候运入艮岳寿山。"

"难道为了这么一块石头，还要拆了城墙，毁了桥梁，推了百姓的房屋不成？"

"城墙、桥梁和百姓房屋店铺跟皇上的艮岳比起来算得了什么？江南苏州因为朱勔搜刮运送花石纲而致倾家荡产、性命不保的事例太多了。老百姓欲诉无门，把朱勔视为阎罗王。朱勔肥了自家，苦了百姓，真是该死！"

"天子脚下，他们也毫无顾忌？"

"小兄弟，你可能来汴京的时间短，在这座皇城，只有两种人活得最自在，一种是道士，像林灵素那种，把皇上封为神霄派的掌教，撒下弥天大谎，可是皇上宠他们，给他们建道观,一座接一座;另一种是像蔡京、童贯、朱勔这些人,他们身居要职,天天跟在皇上屁股后头拍马屁,迷惑皇上,报喜不报忧,心里一点江山社稷也没有,不啻是衣冠禽兽,国家败类。"

"那他们让药铺搬迁,你们打算怎么办?"

"我们这个药铺本来也不碍事,后来皇上嫌艮岳周围逼仄,要拓宽一些,我们药铺被强令搬迁。这也不是第一次来通知了,我们整个药铺的人都不想搬,可是哪里斗得过官府?老板眷念墙壁上这些名贵画作,宁死也不肯搬。我也劝了几回,他全然不听,要跟官兵周旋,唉……"

我听着气愤不过,狠狠骂了朱勔一顿,才抓了药往回走。

3

回到遇仙楼,我把药铺遭遇跟王希孟一说,他痛心疾首。休息的时候,他表情凝重地跟我说:"子六,我要准备第二次画谏了!"

我赶紧嘘了一声,提醒他小点儿声:"希孟大哥,你不想活了!你还看不出来吗?皇上只听得进歌功颂德的话,听

金明池争标图

  传为北宋画家张择端创作的一幅绢本设色风俗画，描绘的是北宋都城汴京金明池及岸边的景物和人物，与宋孟元老所撰《东京梦华录》等史料中相关的记载基本吻合，因此具有较高的历史文献价值。

  张择端（生卒年不详），字正道，山东诸城人，北宋画家。自幼好学，早年游学汴京（今河南开封），后习绘画。宋徽宗时供职于翰林图画院，专攻界画宫室，尤擅绘舟车、市肆、桥梁、街道、城郭，是北宋末年的现实主义画家。《金明池争标图》现藏于天津博物馆。

不了一句逆耳忠言。前两天有个大臣谏他不要信任道士，有几个大臣谏他减轻百姓赋税，结果都被贬到蛮荒之地。现在还不是越发宠信哪几个道士了？"

王希孟握拳道："难道就看着大宋日益沉沦吗？"

我摇了摇头："得想办法，不能胡来。漫说是咱们这些小小画师，就是身经百战的大将也噤声了。老将宗泽，国之干城，因为得罪了林灵素也遭到了贬谪。"

王希孟哀叹道："我想他们也是不得法，强谏肯定是不行的。我想，画谏或许还有一线希望能够警醒皇上。"

我不无担心地提醒他："希孟大哥，皇上不顾百姓死活，难道还不该下台吗？将来要是金国的铁骑能够狠狠地打他的脸，或许他真就警醒了，怎样当一个好皇帝！这样来看，金兵南下未尝不是一件好事！"

王希孟吓得赶紧来堵我的嘴："你小子真是疯了，什么都敢说！"

我苦笑道："你想好了？"

王希孟义无反顾地点点头，我知道，劝也无益，听天由命吧。

在这股拳拳爱国之情的激励下，就在徽宗万寿节那天，王希

孟献上了他所画的《千里饿殍图》。

当我看到这幅图的时候，心中犹如当空响了一个霹雳，我那时才明白，王希孟所谓的第二次画谏是死谏——他是抱定了必死的决心的。

图上有座山，即是我们初次相遇的太行山，然后从太行山往南，山河交替，风景变换，绵延千里，都是饿死的尸体，腐化成一具具白骨，让人看来可惊可怖，胆裂魂飞。尤其是看过他的《千里江山图》人，两相对比，感觉更加强烈。

这幅画里有着深深的隐喻：如果爱惜这份河山，就是千里江山图那样的雄伟壮丽；如果不爱惜这份河山，就是千里饿殍图所展示的"白骨露于野，千里无鸡鸣"的衰亡之象。

聪明如徽宗者，怎么会看不出来这幅图所散发的某种隐喻的气息？

万寿节当天，宫廷在奢华无比的艮岳举行了盛大的生日宴会，宗室、群臣、内监、外国使节全都在场，翰林院的诗文、画师、音乐、舞蹈等待招们也全都出席，用尽心思要在皇上面前表现一番，当轮到王希孟祝寿的时候，他就把图献了上去。

徽宗看罢，脸色登时变紫，气得差点一口气没上来，感觉有一团血在嗓子眼鼓涌，好悬没喷出来。好在徽宗还能压抑住，毕竟是自己的生日，他不想搅了眼前这君圣臣贤的局面。

可到了第二天，徽宗便天颜震怒，把王希孟叫到宫里面，当面质问他：把一幅画满骷髅的图在万寿节献上，是何居心？

王希孟毫无畏惧，把心里话和盘托出。

徽宗一阵冷笑，问道："天底下就你是忠臣？要是北方已是饿殍遍野，其他大臣怎么没人跟朕说！"

王希孟流泪道："打了桶（童贯），泼了菜（蔡京），便是人间好世界。只要这两个人把持国政，谁还敢说什么？"

徽宗更生气了："胡说八道，拿几句村言俚语来蒙骗朕，你当朕是三岁孩童吗？你看看你，当初创作《千里江山图》的时候，是何等的意气风发，现在又是何等的萧索败兴，朕再也不愿见你，你去到蔡太师府上，拿上你的《千里江山图》，回故里去吧！"

王希孟流泪道："陛下，难道您想葬送这大好河山吗？"

徽宗像发了疯似的说道："滚出去！"

王希孟出宫来，跌跌撞撞，灰心绝望。

我在宫门等候，赶紧迎上去，问发生了什么。他摇摇头，摆摆手，泪水扑簌簌落下。言语断断续续，神志受到强烈打击。

我费了好半天劲才问出来，原来圣旨是让他到蔡京家去拿回《千里江山图》。

我强烈劝阻王希孟不要去蔡京的府邸。蔡京是什么货色，吃人不吐骨头，上次就因为王希孟进献《千里江山图》而对他怀恨在心，这次会更加揣摩圣意而加害于他，如果他真的去了，不是羊入虎口吗？

王希孟却说圣旨难违，是生是死他也不在乎了。

急得我直跺脚。

因为王希孟不听劝阻执意去蔡府取画，怕出事，我只好暗地跟踪，结果悲剧还是发生了。

王希孟被害的当晚，蔡府的豪奴抬着他的尸体出了西水门，沿着汴河水道一直往西，走了十几里路，去到一个叫伏龙岭的地方，那里都是密林，寻了一处临近河水的地方，埋下尸首。我蹑足潜踪跟在后面，等他们把王希孟埋好了，我做了标记，才回到遇仙楼。

第 7 章
燕云一会

①

世事难料，王希孟就这么不明不白地死了，世人都不知道为什么这个皇上眼中的"天才画家"，似乎未来前途无限，却年纪轻轻就死于非命？只有我知道，希孟大哥以画死谏，求仁得仁，可谓死得其所，只是可惜那些魑魅小人玷污了他高贵的人格。

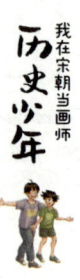

王希孟死后，我跟子满也心灰意冷，数年之间，肆意山水，对大宋的表面繁华极其厌恶。因为思念北方的宫素然师父，我们哥俩决定北上探望。

我们离开了汴京，一路向北。此时已是多事之秋，一路之上，不但有许多流离失所的难民，也有许多南下窥伺的金人。

到了燕京，师徒见面，无限唏嘘。我们把在汴京的遭遇跟宫师父说了，当说到天才画家王希孟画谏身死的时候，宫师父也忍不住流了不少眼泪。

这一天闲来无事，宫师父带我们到城里去逛。时间尚早，可是燕京街上的行人已然渐渐多了起来，有担担进城卖货的，有骑马骑驴进出城的，还有辽人装束的官军，宋人装束的商贾，金人面孔的游客，一个个的表情都如临大敌般严肃。

我们小心翼翼地行走。一边行走，宫师父一边讲授画技："我是专画人物的，以前跟你们讲的，多是理论，倒也无关紧要，最重要的是在创作的过程中去领悟其妙。作画虽然要有灵感，但仍需付出艰辛努力，才可有佳作问世。放眼目下金、宋、辽三国，甚至包括西夏，画人物的画家并不多。大宋武宗元，善画道教、佛教人物，他的《朝元仙仗图卷》享誉海内；文人画大家李公麟，善画人物、鞍马、山水，最善宗教人物，他所创作的《维摩演教图》，可与唐朝的吴道子比肩；此外，李唐的《采薇图》以及宋朝天子的《听琴图》都是人物画中的珍品……"

当世著名的画家与画作从宫素然的口中道来如数家珍。

我跟子满都很好奇："师父，你最推崇的是哪家的作品？"

宫素然微笑道："我最喜欢的当然要数李唐的《采薇图》和大宋天子的《听琴图》。历来的人物画都讲究以形写神、形神兼备。又要重视眼神、手势、身姿等细节，分别主次，有详有略，注重意境和氛围的烘托；在技法上，笔墨相互为用，笔中有墨，墨中有笔，一笔落纸，既要状物传神，又要抒发个人情感和风格。《采薇图》和《听琴图》是这些高超画法和技法的集中体现，因此是极品中的极品。尤其是《听琴图》，画中人物，别无旁杂，唯天子身边置一黑漆高几，上陈金盘玉炉，飘出御香袅袅，身后为一株高松，琴音悠扬，透于松际。"

我十分不解地问："画作是静态的，如何表现琴音？"

宫素然悠然道："这才是宋帝赵佶高明的地方。为了让画出声，他做了多重创意。首先是画中人物的位置处理。

《朝元仙仗图》卷

　　绢本，墨笔，纵44.3厘米，横777.5厘米，卷后有南宋乾道八年（1172）张子珉题跋，并有元代赵孟𫖯题识，定为武宗元真迹，描绘的是道教传说中的东华天帝君和南极天帝君与众仙官、侍从、仪仗、乐队等八十七个神仙同去朝谒元始天尊的情形。

　　武宗元（约980—1050），北宋人，真宗景德年间，建玉清昭应宫，征全国画师，中选者分为二部，武宗元为左部之长。他家世业儒，擅画道释人物。《朝元仙仗图》卷曾藏于美国王季迁先生怀云楼，后失窃。

《维摩演教图》卷

　　《维摩演教图》卷，传为宋李公麟绘，纸本，墨笔，纵34.6厘米，横207.5厘米。是北宋李公麟创作的系列图《维摩诘变相图》中的一幅，以《维摩诘经》有关内容进行绘制，是两宋道释人物画中极为难得的白描精品之一。

　　李公麟（1049—1106），安徽桐城人，北宋杰出画家。字伯时，号龙眠居士、龙眠山人。出身名门大族，一生勤奋，作画无数。人物、道释深得吴道子旨趣；山水气韵清秀，得王维真传；着色山水追李思训心法；画马过韩干。被后代敬为第一大手笔、百代宗师。《维摩演教图》卷现藏于故宫博物院。

在琴的正对面,画着一个云叠状的假山石,上置古鼎名花,目的就是封住琴声,不让画中声音散逸,而是回荡在松风之间。再者左右两个人物,虽是对坐,但侧斜各有神态,把'听琴'之意自然流露出来;又在左侧绿衣大臣旁加一侍童,与红衣者左右正对,一是显得活泼自然,二是为了不让琴音泄漏。如此布局,琴音油然而生,随风松直贯云天,真有大音希声之妙。松后散绘三五竿墨竹,更把琴声显得幽深清妙了。画者用心,可谓良苦。"

子满惊道:"一幅画有这么多说道,我真是服了。一个皇上养尊处优,却能创作如此美妙的作品,也算是天才了!"

说话间,已进了城门,我们找了一家宽敞且干净的店铺,进去用早餐。里面已经坐了几桌了,正在叽叽呱呱地高谈阔论。我们点了饼子和羊肉汤,给宫素然点了几样素菜和米粥。

一边吃饭,她继续说道:"大宋天子画画绝对是当世一流,我当真羡慕得紧。我刚开始的时候也很好奇,既要处理一国军政大事,又要拿出充足的时间画画,俗话说鱼和熊掌不可兼得,他是怎么做到的呢?后来才知道,根本不是那回事,他把处理军国大事的时间都花在了画画上,国家被耽误了。"

旁边有一桌宋人装束的几个人，看样子是来北方贸易的，听我们聊起宋国的天子，脸上露出鄙夷之色。

其中一个人高声道："咱们的道君皇帝这次可要搞一次大手笔了！"

另外一个长着络腮胡的人嬉笑道："你倒说说看，这皇帝老儿有什么大手笔？"

"张三哥，你恐怕还有所未知。这大辽国国势渐衰，已是秋后的蚂蚱，蹦跶不了几天。咱们那位爱画画的天子竟然灵光一现，要联金灭辽呢！"

"李四弟，这些机要之事，你是如何得知？我们不过是贩些兽皮、老参，最好还是不要议论这些军国大事，如果因此惹祸上身，可不是闹着玩的。"

"张三哥，你也忒谨慎了。我的一个表哥就是使团护卫，他亲口跟我说的，还能有假？如今，大金国已经攻占了辽国的大部分土地，大辽眼瞅着就要亡了！"

有一个苍髯老者也慢悠悠地说："这位李四兄弟所讲不差。幽云十六州中大半都落于金人之手。可惜大宋皇帝纸醉金迷，根本不把这些事放在心上。"

有一个年轻人站起来说："朱老大的话也偏执了。我听

采薇图

　　此卷画的是商末伯夷、叔齐不食周粟,在首阳山采薇而食的故事。图中人物生动传神,衣纹简劲爽利,树石笔法粗简,墨色湿润,衬托出人物刚直不阿的性格。

　　李唐(1066—1150),宋代画家。字晞古,河阳三城(今河南孟州市)人。初以卖画为生,宋徽宗赵佶时入画院,在南宋时任画院待诏。擅长山水、人物。初师李公麟,后衣褶变为方折劲硬,自成风格。与刘松年、马远、夏圭并称"南宋四大家"。

　　现藏于北京故宫博物院。

听琴图

此图绘的是松下抚琴赏曲的情境。画面正中一枝苍松,枝叶郁茂,凌霄花攀缘而上,树旁翠竹数竿。松下抚琴之人身着道袍,轻拢慢捻,另二人坐于下首恭听,一侧身一仰面,神态恭谨。

赵佶(1082—1135),即宋徽宗,北宋皇帝、书画家。在位时广收历代文物、书画,极一时之盛,亲自主持翰林图画院,命文臣编撰《宣和书谱》《宣和画谱》。能书善画,自创书法"瘦金体"。

现藏于北京故宫博物院。

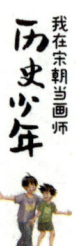

说，大宋已经发动人马，派遣童贯为帅，收复燕京呢，提前已把燕京改作燕山府了！"

老者讥笑道："一个太监也能带兵打仗！简直笑话。"

李四慨然道："不对，不对，什么收复，狗屁！不过是宋金两国约定了一起攻辽。如今燕京就像一块肥肉，金人唾手可得，岂肯轻易让与大宋？但又不好明着毁约，就让大宋自己来夺，真不知道宋人能不能打过那些被金兵打得落花流水的辽兵……"

正说着，就听外边一阵喧闹。有人一边跑，一边高喊："城门关闭了，宋兵又来攻城了！"

店里坐着的不少食客冲到外面，头也不回往城里跑去，连饭钱都没结。

我们结了账，走到街口张望，可不是嘛——有宋兵里的几名敢死队成员已经越过了墙垛，攻了进来。

2

左近就有一个寺院，大门紧闭。师父带着我们跑进门首，无论怎么敲门，也没人应声，我们只好暂时隐身在门洞里，往外张望。

这时只见城头上已有十数个宋兵攻了上来，但很快被数量更多的辽兵围住，展开近身搏斗。宋兵攻上来的人越来越多，辽兵的主力也在向城门聚集。

一个宋兵从城头跳下来，向城门方向移动，看样子是要去开城门。城头上一片混战，随即便有十来个辽兵来截击那个宋兵。那个宋兵左腾右挪，无法突破辽兵的防守。辽兵仗着人多势众，转守为攻，合起来攻击宋兵。

宋兵无奈，只好向城里方向跑来。辽兵七八个跟随在后，紧追不舍。眨眼间到了我们刚才吃饭的那个铺面门口。七八个辽兵把宋兵团团围住，左右前后发起进攻。宋兵毫不示弱。

可是，好汉难敌四手。宋兵强力支撑，顾前顾不得后，顾左顾不得右，加上辽兵本来就骁勇善战，很快就显得只有招架之功，没有还手之力。紧接着，宋兵就被其中一个辽兵刺中了肩头，虽然是皮外伤，可也鲜血直流。

宋兵一见自己受伤，怒从心头起，更加拼命搏斗起来。好在他的兵器是一把长枪，比辽兵手里的刀剑要长许多，这让他占了一定的优势。他把长枪舞得翻飞，虎虎生风，辽兵近不得他身。

我们看得惊心动魄。子满说道："这小子的枪法很好，

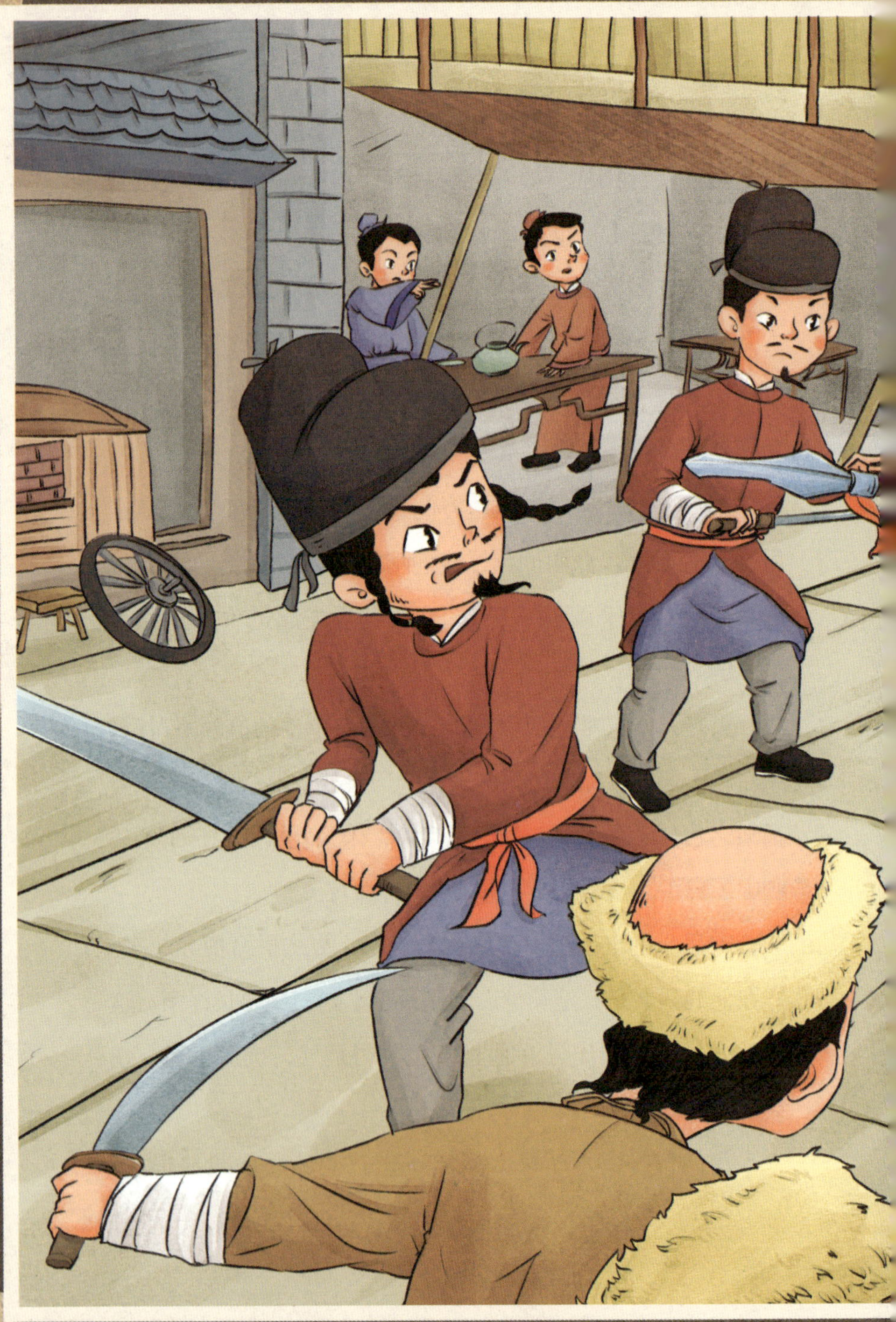

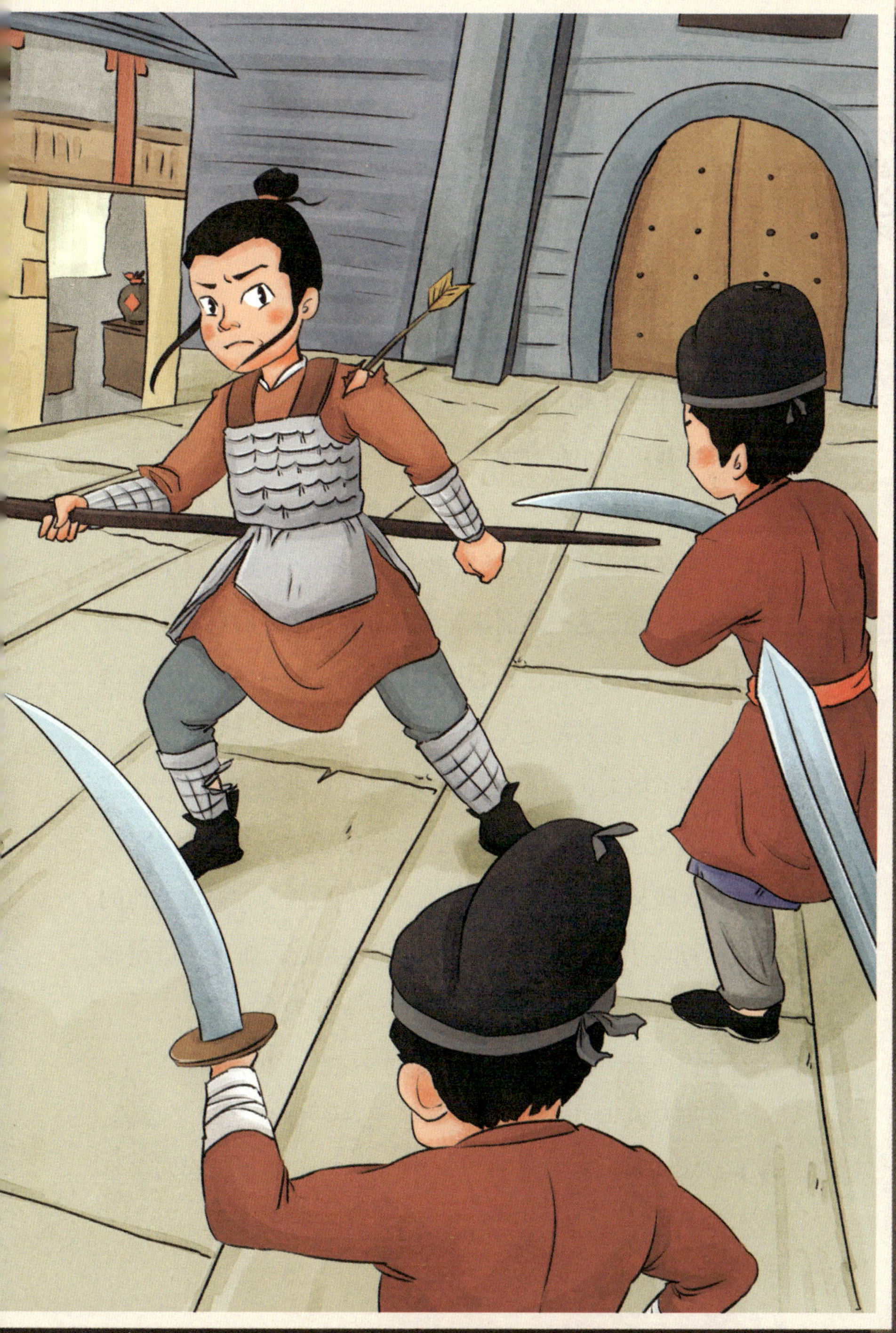

辽兵短时间也接近他不得！"

我却双眉紧皱，不无担忧道："难说。他枪法虽妙，可惜力气不足。这样消耗下去，辽兵保存了体力，定然是要赢的！"

果不其然，宋兵的枪法势头渐渐衰散，辽兵瞅准机会，又在小腿上给了他一击。肩腿受伤，失血过多，再要打斗下去，宋兵可就小命难保。

我悄声对子满说："老弟，这个忙咱们帮不帮？"

子满不假思索："辽兵以多欺少，胜之不武，这忙肯定是要帮的！况且这一路而来，金兵和辽兵十分跋扈，不把宋人当人看，肆意杀害，我心里就是不平，纵然宋国朝廷有这样那样不好，百姓却是无辜。"

我指了指宋兵，道："别说那么多了，他快支撑不住了。"

子满望去，可不是嘛——说话的工夫，宋兵的眉头、手臂和大腿又有几处受伤，鲜血流了满脸满身，血珠把他的眼睛给糊住了。他极力地眨眼，可是越眨，血水流进得越多，最后，他想要用枪封住门户，已无能为力。

千钧一刻，我跟子满说："此时不动手，更待何时！"

子满又从身上摸出一把石子来——他自从学了暗器，身上总喜欢带一把石子，以备不时之需。他把这些石子奋力朝那几个辽兵打去。说时迟，那时快。我们哥俩就像流星一样冲进战场，子满剑影如飞，罩住那几个凶悍的辽兵。他们因中了石子，头脸青肿，余痛未息，又加上一阵狂风骤雨般的剑击，因此都左支右绌，狼狈不堪。我趁着这个机会，背起宋兵，飞一般返回门洞。

这时，宫素然也敲开了寺院的大门，把我跟宋兵送入大门，然后学着我们在滦州山上那些黑话，向子满喊道："子满，扯呼！"

子满会意，又是一阵剑雨急发，飞身撤到门首，然后掏出几块石子，一扬手朝辽兵打去。

我们进入寺院，匆匆把门掩了。原来这寺院是尼庵，住持本来也是宋国人。她把我们转移到大殿的密室，让我们在里面藏身，等候外面的消息。

我们只好听从安排，好在密室并不局促，布置得倒也精美。

经过这一番折腾，再加上流血过多，那个勇敢的宋兵已然昏厥过去。幸好有宫素然在，否则我们哥俩肯定是手足无措了。

我们平时受点伤还要喊妈妈呢，可这时候去哪喊妈妈？

宫素然平素的细心温柔此时派上了大用场。她先是管住持找来金疮药、纱布，接着娴熟地用清水清洗了伤口，用烈酒消了毒，然后再敷上金疮药，用纱布包裹好。接着又煮了一些米粥，喂给宋兵喝下。

看宋兵喝粥，可把我们哥俩馋坏了，尤其是子满，馋得直咽口水。

宫素然见了笑道："子满，你馋虫子都到嗓子眼了吧？别急，我这就去跟住持她老人家说，素斋管够！"

经过一场凶斗，我俩早已累得精疲力尽，这时候能够吃上一顿精美考究的斋饭，那简直是世界上最美好的一件事了。

3

被我们救下的这个宋兵，名叫岳飞，是这次燕京攻城战的"敢战士"，用现在的话讲，就是敢死队成员。

当然，这些信息不是我算出来的，而是岳飞苏醒后，跟我们说的。

在宫素然的悉心照料下，他本来只是受些皮外伤的身体很快康复起来，六七天的工夫已经能跟平常一样活动自如。

在密室里，他把他的身世和过往都告诉了我们。

说起来也奇怪，岳飞与宫素然还算是同乡，都是河北西路真定府人氏，不过宫素然是真定府北边的人，而岳飞则出生在真定府南部汤阴县。据说，他出生的时候，正好有一只大鸟从他家院子飞鸣而过，他的父亲岳和灵光乍现，就给他取了岳飞这个名字。

岳飞出身贫苦，正如孔子所说，"吾少也贱，故多能鄙事"，岳飞从小就跟随父母做一些繁重的农活。白天到野地里砍柴拾草，用来烧饭喂猪；到了晚上，他的父亲在劳作之余教他读书识字。

岳和学识并不高，只能像说书人一样，教他一些历史人物的英雄事迹。不过，岳飞的记忆力和悟性极高，不但对父亲所讲的能够了然于胸，而且能够自己悟出一些道理。

可能是因为过早参加体力劳动的原因，岳飞的力气之大超乎常人，尚未成年两膀就能拉开三百斤的劲弓，能够引发一千余斤的强弩。他的父亲有鉴于此，就让他拜在同乡神射手周同的门下学习射箭。岳飞对射箭非常感兴趣，周同也认真教授。一个真教，一个真学。很快，岳飞就把周同的全套本领学到手。

岳飞的外公非常看重这个学武的外孙，等岳飞学习好射箭后，又把他送到一个叫陈广的枪手那里学习枪法。岳飞聪明异常。往常陈广传授一套枪法需要数月时间，对于岳飞来说，一个月有余就能学成，而且还有不少突破。他很快成为"技压全县"的枪法高手，连他的师父陈广都不再是他的对手了。

可惜的是，如此了得的武功却当不得饭吃，为了养家糊口，岳飞学成之后，找了一份工作，到当时非常显赫的韩家庄园做一名庄客。这韩家非常有势力，是北宋大宰相韩琦的后代子孙，他们所建的昼锦堂，在当地为首屈一指的庄园。岳飞能够进入昼锦堂，也算是一份不错的差事。

当时，河北西路这一带极不安定。岳飞到昼锦堂去，本来是要干农活的，过了一段时间，里面的管事发现他长于技击，就让他参与到保卫庄园的队伍中。他多次打退前来进犯的起义部队，显示了军事上的才能。

后来，辽兵时常入侵，虎视眈眈，宋国朝廷缩头畏战。他时常有一股参军入伍的强烈冲动，促使他要到前线去跟辽兵厮杀，保卫国家。

于是，一次偶然机会，他应召入伍，成了宋军最底层的一名弓箭手。

之后，宋金在海上达成暂时妥协，同意共同出兵灭辽。然后按照议定的条款分割辽国土地。大宋主张收回幽云十六州，可是外交毕竟要靠实力说话，实力不济的宋国打算从兵势正盛的金国嘴中抢夺几口吃食，无异于与虎谋皮。本来协商好应由宋国攻取的燕京，迟迟攻不下来，还打了一次大败仗，童贯吓得不敢再进兵。

第二次攻打燕京的时候，童贯受到徽宗的压力，说什么也要收复燕京。没办法，童贯再次组织攻城。这次童贯招募"敢战士"，作为攻城先锋。岳飞因为射箭、枪法都是一流，毫无疑问的应募成功，成为敢战士队的小队长。

后来的事情，就是岳飞带领小队攻上燕京城头，跟守城的辽兵展开了厮杀。

我跟子满的内心对岳飞的这些经历无比钦佩，闹着要跟岳飞学习枪法和射箭。岳飞为人非常热情豪爽，毫不推托，当场就要传授我们枪法。此时外面的风声已没那么松了，虽然宋辽两国还在争夺这个城池，但已成胶着状态，正适合岳飞在寺院里养伤。

他一边养伤，一边传授给我们枪法。在相处的过程中，我们对岳飞的为人、性情和品格更加了解。了解越深，越是钦敬爱慕。最后我们言必称岳飞，行必拟鹏举（岳飞的字），简直对他佩服得五体投地。尤其是子满，自从学了岳飞的枪法，沉浸其中，久久玩味，感觉妙不可言。

宫素然看我们仨如此亲爱进步，就建议我们结拜为兄弟。她说："古有桃园三结义，传为佳话，你们如此亲密敬慕，不如也学刘关张结拜，我给你们当个见证！"

岳飞高兴道："子六、子满救我性命，我早有意结拜，只怕唐突了他们，如今仙姑倡议，正和我心，不知二位意下如何？"

我们哥俩正是求之不得。于是，我们三个当场就跪下磕头，结拜为异姓兄弟。岳飞年齿稍长，为兄长。我跟子满次第排之。

结拜完了，我们把臂为欢。岳大哥提出一个建议，让我跟子满无论如何也无法拒绝："咱们今日成为兄弟，不去大醉一场，岂不辜负了这番情义？"

我跟子满好久没饮酒了，一听说要喝酒，早已雀跃不已。

宫素然笑道："你们这些小家伙馋酒了，自管去喝个大醉，我却无法奉陪。"

"我们知道！出家人不能饮酒！哈哈哈……"

第 8 章

兵分两路

①

　　北方的形势大坏。按照宋金海上盟约，大辽的大同府和燕京府本来应该由宋国攻取，可是宋国的军队攻打燕京两次都不能获胜，最终还是被金兵攻破，然后在非常苛刻的条件下交还大宋。最终大宋得到一座空荡荡的燕京城，财富、人口已被金人掠夺殆尽。

　　这还不是最可悲的。可悲的是宋兵两次攻打燕京不下，宋、金交涉交割燕京过程中所表现出来的军事上的蹩脚和外交上的无能，更加刺激了金国南下侵略的野心。

随着燕京的攻陷，辽国也迎来了命运的终结。从而，宋金联盟的基础丧失，金人垂涎大宋江山已久，乘胜南下，也是意料中事。

金国起大兵数十万，分两路南下。西路以粘罕为帅，从大同府出发；东路以斡离不为帅，由平州取道燕京南下。目的地只有一个，那就是大宋的都城汴京！

听说金国的东路军到达燕京的时候，大宋派在那里的官员和守将全部投降，使得金兵得以长驱南下。这实在是让人义愤填膺。国家怎么会把这么一座重要的城池交给这些"软骨头"呢！可喜的是，西路军粘罕在太原府遭遇强烈抵抗，围攻几个月了，一直未能攻下。

岳飞值此危难之际，毅然决然离开父亲的墓冢（他当时正在为父亲守孝，按规定应该守孝三年），再穿戎装，提马杀贼！他赶赴太原，去参加太原保卫战。

当我们告别宫素然师父，再次南下的时候，不好的消息传来："太原沦陷了！"

消息是由一名难民带来的。一个北方装束的汉子浑身破破烂烂的，在街头哀号，一看便知是长途跋涉而来，又渴又饿。

我们当时心头一凛——如今太原被金兵攻破，我们那赶赴太原参加保卫战的岳飞哥哥生死未卜，他志在精忠报国，一旦为国捐躯，我们无论如何也要给他报仇。

进入大宋国界，我们找了一家饭馆吃饭休息，就听几个人喧闹议论。

一个人说："听说太原府被金人占了，大宋的军队真是太不堪了！不过，我们倒也无须多虑，太原府丢了，还有河南府，离汴京还早着呢！"

另一个说："可不是嘛，哥哥，汴京有神仙护佑，就是金兵到了城下，也得败北而归，什么便宜也讨不到。"

另一个道："兄台所说不虚。听说神霄帝君已经派遣神道郭京，拣选六丁力士和北斗神兵，在景福宫一带大练兵呢，金兵只要敢来，保管他们有来无去！"

还有一个人说："我说老哥几个，咸吃萝卜淡操心，金兵来了，与你我何干？自有蔡太师、童贯、朱勔那些人顶着，不能说好处让他们占尽了，守城赴死却让我们来，那老子可不伺候！"

我听了这些话，一阵痛心，一股大祸临头的紧迫之感将我紧紧攫住，扼得我无法呼吸。

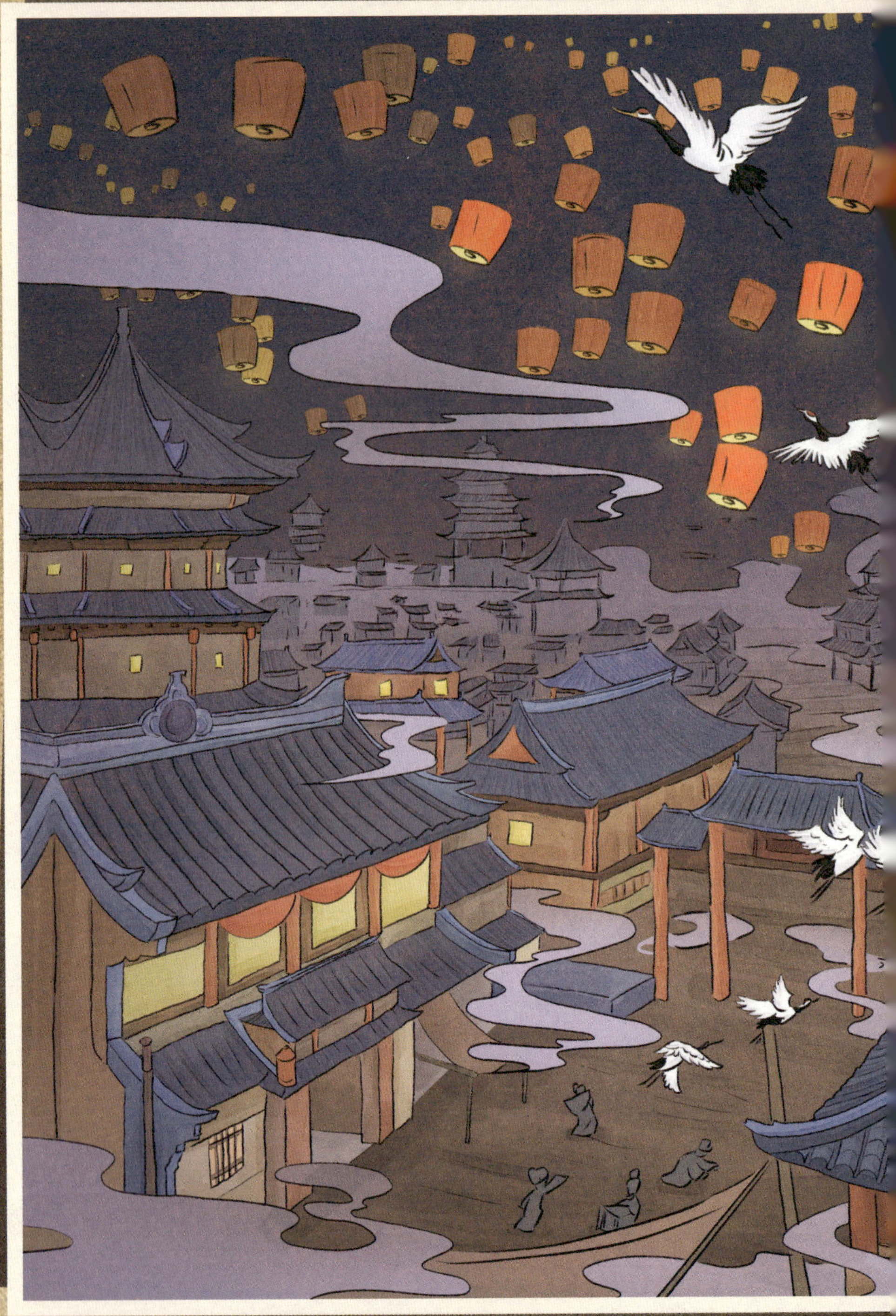

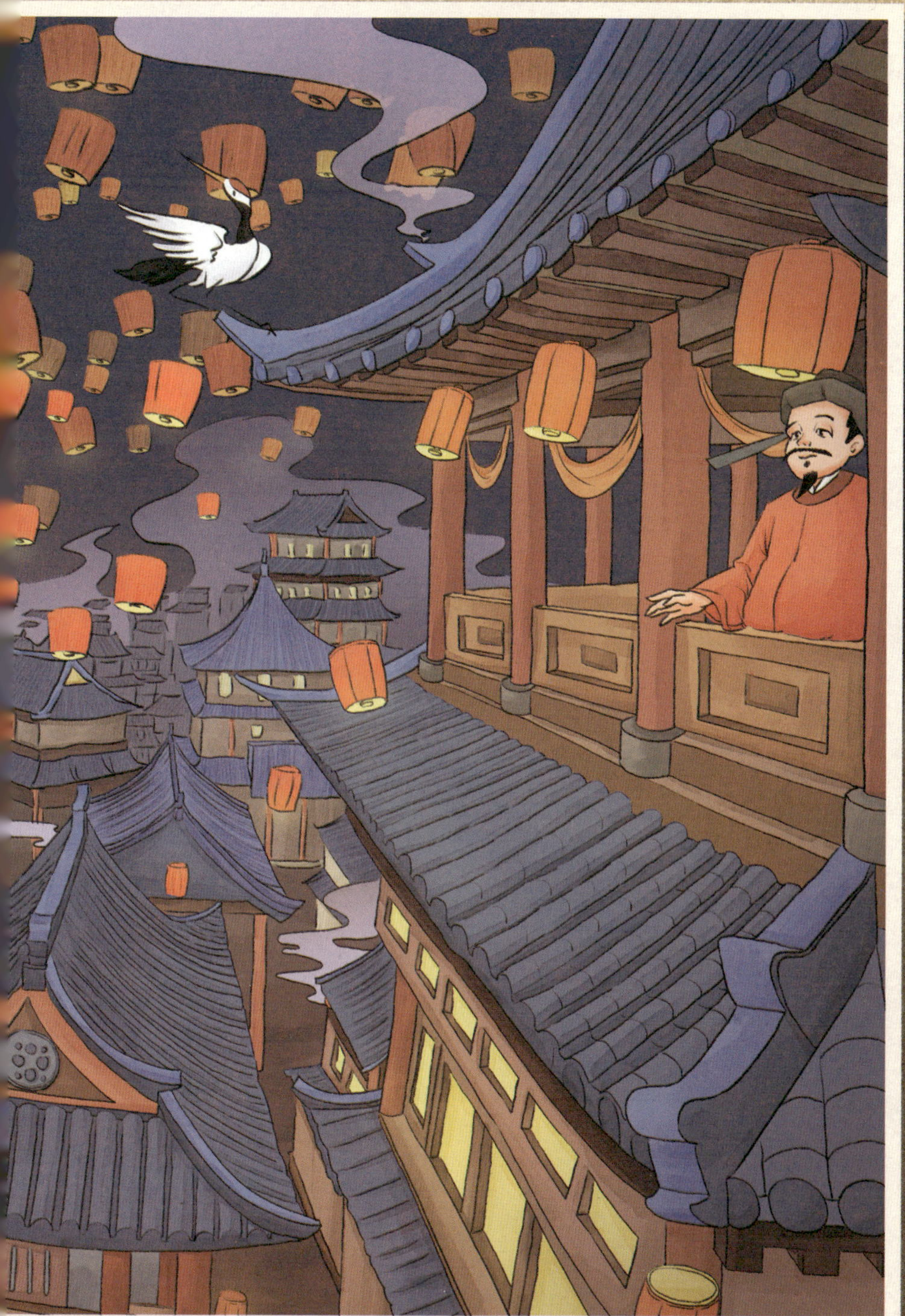

瑞鹤图

　　宋徽宗赵佶所作绢本设色画,描绘了鹤群盘旋于宫殿之上的壮观景象,绘画技法精妙,图中群鹤如云似雾,姿态百变,各具特色。其构图一改常规花鸟画的传统方法,将飞鹤布满天空,一线屋檐既反衬出群鹤高翔,又赋予画面丰富的故事情节,在中国绘画史上是一次大胆的尝试。

　　现藏于辽宁省博物馆。

②

从北方战火中逃难而来的流民一拨又一拨拥进汴京，可是并没有引起朝廷的警戒，相反，皇帝越发地沉浸在盛世的幻象中，把一切粉饰太平的手段都用到了极致。

宋徽宗十八岁登基，在位二十五年，先后用了建中靖国、崇宁、大观、政和、重和和宣和等六个年号。早在政和年间，他就通过自己高超的艺术手段进行虚假盛世的营造，而且手段一流。

这得从一幅画说起。这幅画就是代表了宋徽宗艺术巅峰的传世名作——《瑞鹤图》。这幅图现在成为国宝，在当时却是宋徽宗制造祥瑞、粉饰盛世的高明手段。

政和二年的元宵节，跟往常一样热闹，正如孟元老《东京梦华录》中所载：每年的上元节，朝廷在五岳观筑灯山，汴京的大街小巷缀满造型各异的花灯。一入夜，万灯齐开，夜晚如白日，这种盛况会一直持续到天明。

作为朝廷的首脑，皇帝一般都会在正月十五晚上与民同乐。徽宗也不例外，他会准时登上外城的城楼俯瞰汴京的煌煌灯火。一直到三更夜深时，车驾才会回去。此时此刻，孟元老说：山楼上下灯烛数十万盏一时灭矣。

光皇城附近的灯火就有数十万盏，那么整个汴京在十五元宵之夜会有多少盏呢，恐怕是难以计数的。这些灯有的是自愿点的，有的则是朝廷摊派的任务，也有些是强制必须挂的，因此这片璀璨之下，也隐藏着无法排遣的百姓怨气和怒气。

徽宗从小就喜欢看灯，自从即位以后，每年都登楼观灯，从不落下一场。他知道，正月十五的夜是美得不可胜收，可正月十六早晨，数以万计的纸灯都要焚烧掉。到时候腾起的火光照耀黎明前的夜空，腾起的烟雾经久不散。

徽宗觉得这"紫禁烟光"不就是祥云吗？他又联想到祥瑞的象征——仙鹤。若是能趁着"祥云"，放飞仙鹤，祥瑞不就自然而然地"制造"出来了吗？

仙鹤更不成问题了。徽宗宠信道士，汴京的道士不下数万，他们别的本事没有，养几只鹤，时常应一下太平景象还是可以的。

于是，在正月十六的傍晚，"祥云"横空，忽然十几只仙鹤飞鸣于城门上空，久久盘旋，不肯离去。更神奇的是，

其中两只仙鹤竟落在宫殿左右两个高大的鸱吻之上。

路过的行人，纷纷仰头观看，对这一景象惊叹不已。

原来景福宫的道士事先在地上撒上粳米，然后放出自家养的白鹤，逗引白鹤前来觅食。这种白鹤被称作"鹤媒"。因为有鹤媒在，饥饿的野鹤可以毫无戒心地飞来，然后被捕获。

就这样，一幅活灵活现的《瑞鹤图》就呈现出来了。

看来这个自诩为"天下一人"的皇帝，真心想让他治下的子民都相信他是万寿无疆的天命之君，他所治下的"盛世"会永远持续下去。

如此制造祥瑞，不过是宋徽宗惯用的伎俩之一。除仙鹤外，鹦鹉、祥云、各色花鸟鱼虫都成为他渲染繁华盛世的工具。

可惜的是，这样的祥瑞只能骗骗宋国的老百姓，而且是暂时的欺骗，根本唬不了虎视眈眈的金国。

3

就在金国大军分两路南下的时候，徽宗的荒唐更是到了无以复加的地步。

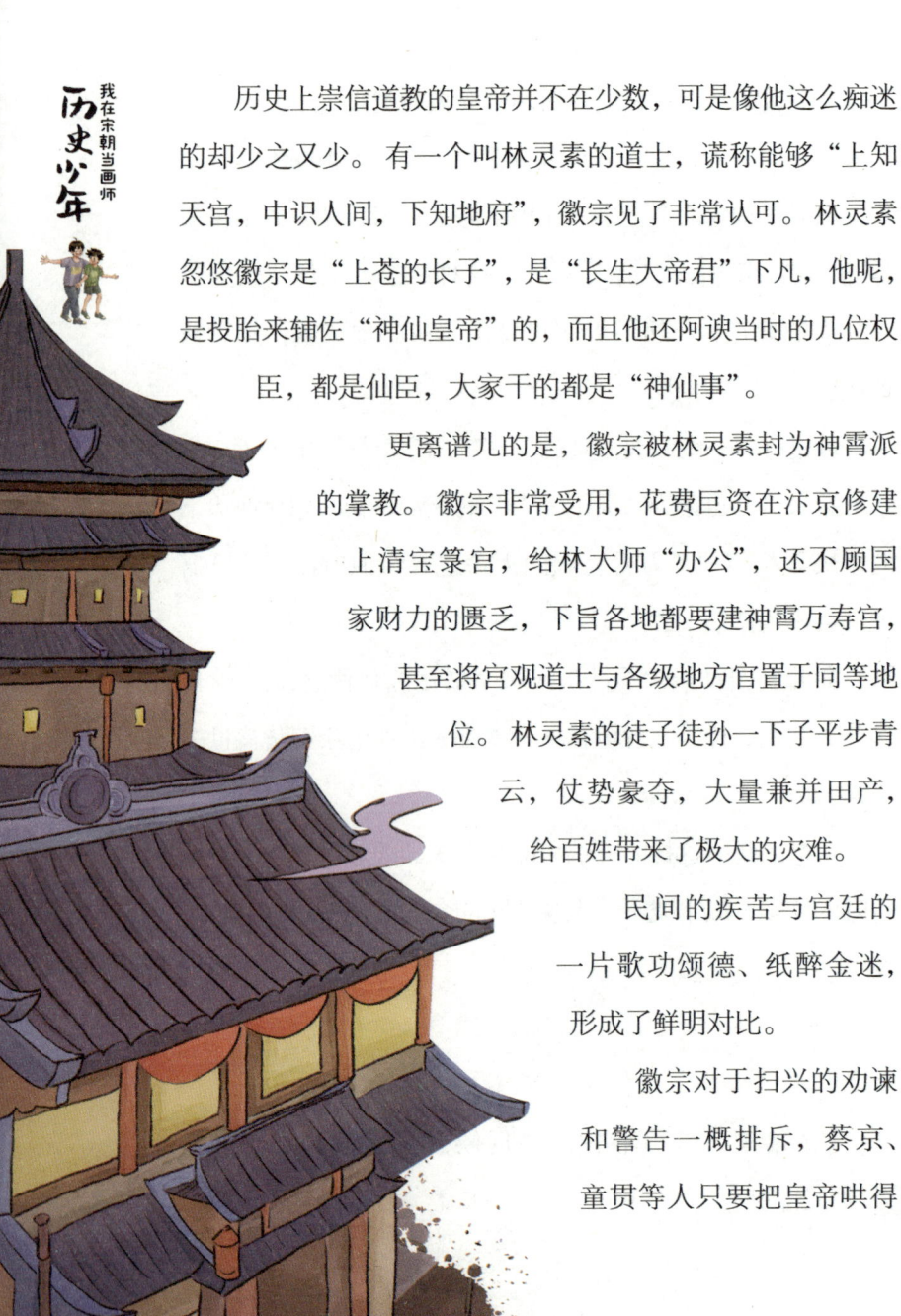

历史上崇信道教的皇帝并不在少数,可是像他这么痴迷的却少之又少。有一个叫林灵素的道士,谎称能够"上知天宫,中识人间,下知地府",徽宗见了非常认可。林灵素忽悠徽宗是"上苍的长子",是"长生大帝君"下凡,他呢,是投胎来辅佐"神仙皇帝"的,而且他还阿谀当时的几位权臣,都是仙臣,大家干的都是"神仙事"。

　　更离谱儿的是,徽宗被林灵素封为神霄派的掌教。徽宗非常受用,花费巨资在汴京修建上清宝箓宫,给林大师"办公",还不顾国家财力的匮乏,下旨各地都要建神霄万寿宫,甚至将宫观道士与各级地方官置于同等地位。林灵素的徒子徒孙一下子平步青云,仗势豪夺,大量兼并田产,给百姓带来了极大的灾难。

　　民间的疾苦与宫廷的一片歌功颂德、纸醉金迷,形成了鲜明对比。

　　徽宗对于扫兴的劝谏和警告一概排斥,蔡京、童贯等人只要把皇帝哄得

开心就好,
哪管什么日后洪水
滔天!

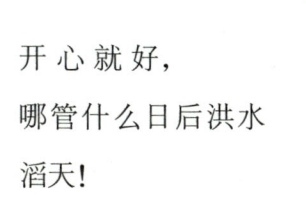

回到汴京,我跟子满做的第一件事,就是祭祀王希孟。

我们费了几番周折,才找到王希孟的墓地——说是墓地,其实就是一个黄土堆。我们准备了两坛好酒和一些吃食,到潘楼街的一家香烛纸扎铺买了些香烛元宝,租了两匹马,佩了剑,趁着天光尚在暗淡,出了西水门。

十几里的道路很快就到了。进入密林,七拐八拐,来到王希孟的坟前。坟挨着一条小溪,在一片柳林边上偏偏长了一棵大槐树。王希孟就埋在槐树之下。

我眼圈一红,道:"希孟大哥,一别数年,我来看你了!"

子满也洒下泪来。

在熹微的晨光中,在河岸清风的吹拂下,在远山飘荡过来的木叶清芬中,我跟子满甩开膀子,为我们的朋友的坟茔添了新土。坟重新筑好了,子满从溪边搬来一块长石,把我们带的祭品罗列其上。我折来柳枝,插在坟头。

我们跪下去,把香烛点燃,插在长石上的香炉里。子满焚化元宝和纸钱,我奠了酒。想到太行山相会,一路同行南下，两次画谏，恍如昨日，如今阴阳两隔，我们都难忍悲泪，一场痛哭。

哭了好久，我在泪光中说道："希孟大哥，希望你英魂不远，我们一定把你的《千里江山图》给找回来！"

子满也哭着说："希孟哥哥，我们绝不让你的画沦落奸人之手！"

纵然把泪流干了，也唤不醒王希孟，我们擦干眼泪，起身回城。

第 9 章

汴京大乱

1

从王希孟的坟离开,我们走大道回汴京。刚走到万胜门,正赶上城门大开,四下里的人犹如海潮一般向汴京城内拥去。我在马上看了,都是外乡人,面带菜色,身上破衣烂衫。城楼下和城门内外都有官兵在维持秩序。

刚开始官兵以为这些人都是进城游玩或贸易的,后来发现这些人全都是流民,操着北方口音,于是就慌了,赶紧请示上级。上级也不敢擅自做主,为了不担责任,要求守门官军严格把守城门,对每一个进入的人都要仔细盘问。

我拉着一位老人家询问情况,老人家叹道:"金人南侵,北方国土沦陷，我们没了活路，只好南下逃亡，谁知道这汴京城却如此难进！"

我对子满说："担心的事终究还是发生了，可叹希孟死不瞑目！"

"老哥，现在如何是好，你得拿个主意？"

"我能有什么主意？万胜门是回不去了，还是找个小门进城吧。回遇仙楼再说！"

没办法，我们只好从汴河边上的宣泽门进了城。

回到遇仙楼，我跟子满商量如何盗图。办法想了千千万，最终都因有漏洞而被推翻。最后索性不想了，决定到州西瓦子一带溜达一番。因为那片瓦子的正对面就是蔡太师府，西南面是专门接待外国使者的都亭馆驿。瓦子在宋代是专门的娱乐机构，里面曲艺说唱，异常热闹。

我们寻思着，与其困坐愁城，不如到现场勘察一下。正赶上那天瓦子里有大名鼎鼎的王团子和张七圣说书唱曲，我们就选了二楼高处的一处座位坐了，一边听曲，一边往蔡太师府里窥探。

我在唐朝是跟乐圣李龟年学唱歌的，可那天听王团子唱了半天，觉得并不像传说中的那么好，可见孟元老在《东京梦华录》里写的有些内容有夸大的成分。不过张七圣书说得倒好。说的是北宋杨家将的传奇故事,杨老令公跟辽国在两狼山大交兵,他的大儿子替宋王死了,二儿子替八贤王死了。张七圣那张巧嘴,把杨家一门忠烈演得绘声绘色,让人如临其境。底下观众无不唏嘘感叹,有的还流下了热泪。

我心里叹道,现在又到了报国杀敌的时候,可大宋的杨老令公哪里去了呢?

子满紧张得很,既无心听歌,也不肯听说书,两只眼冒火似的盯着蔡府,寻思着入府盗画。

张七圣声音虽然沙哑,但抑扬顿挫,配合着故事情节,倒真的很吸引人。他的嗓音被誉为"云遮月",在汴京享有

盛誉。他正说到精彩处：杨老令公在两狼山陷入重围，外无救兵，内无粮草，辽兵越围越多，如铜墙铁壁……杨老令公无奈，最后撞死在李陵碑……

观众中有人怒道："辽兵太可恶，逼死了杨老令公！"

另一个道："非也，要不是先帝爷受潘仁美蛊惑，执意到五台山快乐逍遥，怎么会打败仗。"

还有人说："非也，要怪只能怪潘仁美，杨七郎搬兵他不允许，还害死了杨七郎，这不是亲者痛而仇者快吗？"

一群人说得慷慨激昂，因为立场不同，几乎要挥动老拳，打闹起来。

正在这时，突然瓦子东门街上喧闹了起来，不知道是怎么回事，闹闹嚷嚷挤满了人，还有人放起了火，黑烟冲天而起。

有人冲着瓦子里喊："金兵围城了，你们还有心在这里消遣？"

2

话音刚落，一支火把就被扔了进来，瓦子里顿时起了火。火势快速蔓延，整个勾栏里顿时人仰马翻，各色杂耍、百戏、歌词、舞蹈、小曲、说书都进行不下去了，大家纷纷跑散，躲避火舌。瓦子都是木质建筑，大部分糊的是白纸，悬挂着金箔彩缎，这些东西最助火势，拉拉杂杂的都烧起来，秋风扫落叶一般，整个州西瓦子顷刻间化为灰烬，人也烧死了不少。

我们从二楼出来，混在人群之中。周围人马杂踏，呼救声和乱喊声交织在一起。一阵马挂鸾铃声响起，循声望去，一伙官兵列队而来。煊煊赫赫地走到蔡太师府门首，站成两队，把蔡府大门围好。蔡府里这才出来人，跟带队的官兵耳语了几句，又进去了。

有人在街上高喊道："蔡京狗贼误国至此，金兵到了，不思救助百姓，却只顾保护自家，真是可恶！"

流民百姓一听眼前就是蔡太师府，纷纷脱下鞋子朝蔡府大门扔去。有好几只鞋子都掷到了保卫蔡府官兵的脸上。

眼瞅着众人要拆了太师府，这时候就见挤进来一个官兵，对带队的那个人说了几句话，那个带队的又敲开了太师府的门，对着蔡府管家说了几句话。

管家进去后不久，蔡府大门洞开，从里面出来一支队伍，我一看就认得了，是由蔡府的豪奴、护院组成的家兵。这些家兵跟官兵，由那个带队的人率领着，分开人群，往西门方向去了。

果然汴京城内大乱。

金兵在东路元帅完颜宗望的率领下围困了汴京。不久，西路元帅完颜宗翰的部队也到城下会合，共同围困汴京。城内大乱，宋朝官兵组织守城，可到现在还有人认为汴京城固若金汤，牢不可破。金兵就在城下，有的人还在瓦子勾栏里醉生梦死。

分析各种情况得出的结论就是，汴京城随时都有被攻破的危险。朝廷一边组织军民抵抗，一边派出使者与金兵讲和。此时，人为刀俎，我为鱼肉，可商量的余地不大。金兵狮子大开口，不达目的绝不肯退兵。

当时蔡太师府处发生骚乱，正是盗画的好时机。我对子满说："趁乱盗画倒也不错，现在蔡府家兵都组织去守城了，蔡京也应该在皇上那里应承，咱们此时进入，只有几个老仆人留守，应该能行！"

"不，老哥，你不能去，两个人目标太大，反而束缚住手脚。我自己一个人进去，目标小，好隐蔽，得手之后我去遇仙楼找你会合。"

这小子现在胆子越来越大了，他竟然想撇开我这个有勇有谋的老哥，做孤胆英雄。

不过，我寻思了一下，这样也好，我还有更重要的事去做。"你要多加小心。得手后，到遇仙楼会合。"我补充道，"我若不在遇仙楼，那么你一定要去画院，我们编纂的《宣和画谱》，以及众多画家都需要被保护起来！"

"老哥，就算不成功也不要难过，我如果死了，也算对得起王大哥了！"

"乌鸦嘴！不吉利！现在趁乱行事，十有八九能成功，别说丧气话！一旦有危险，保命要紧，这不是你的座右铭吗？"

"老哥，我是怕你担心才这么说的，放心吧，我福大命大造化大，不会有事的。"

"那也得小心！"我叮嘱道。

③

分手之后，我回到遇仙楼。到了楼上，我刚想要喝口水压压惊，就见一队官兵把遇仙楼围住。官兵头子冲进楼来，恶狠狠地道："楼里的人听

好了，各自把生辰八字写了，汇总报给我！"

一时之间各人都把生辰写在纸上，呈给那官兵头子看。

官兵头子唱名道："赵武魁、钱有路、孙德兴、李旺福、周炳义、吴永兵、郑子六、王道行……刚才我唱过名的诸位，跟我走吧！"

大家不明就里，赵武魁问了一声："官爷，要带我们到哪里去？说出来让我们知道一下，也不做枉死鬼！"

官兵头子呸了几声："好你个乌鸦嘴，什么枉死枉生的，这么不吉利！告诉你们吧，如今大敌当前，诸路军马都不在京中，只有郭神仙一心为国，要选兵守城！"

钱有路道："您是说那个能移山填海、撒豆成兵，隐形潜身的郭京郭神仙？"

"不是他，难道是你？皇上亲自召见郭神仙，郭神仙说能施展六甲神术，当场向皇上保证，一定要生擒金国完颜宗翰和完颜宗望两帅，并带领大宋官军直捣黄龙府，收复失地。郭老神仙说了，京中凡是生辰合于六甲的，都要参战！诸位八字都合于六甲，有幸能保卫汴京，收拾收拾赶紧起行吧！"

孙德兴道："这姓郭的就是个骗子，除了吹牛不会别的，让我们去当替死鬼，真是瞎了眼了！我们是不会去的！"

官兵头子嘿嘿一笑："不怕你不去，来呀，就地砍了正法！"

我赶紧过去，手里端了遇仙楼两坛子特产美酒，道："将爷，您息怒。这两坛子好酒您且笑纳。我们不懂得国家大事，出言莽撞，勿怪！"我连忙冲孙德兴使眼色。孙德兴会意，也赶紧赔不是。

官兵头子看了一眼美酒，笑道："你这小子也算识得好歹。念他初犯，又不知圣旨如此，我也不怪了，只是下不为例，你们赶紧去北门报到！"

原来，郭京组织了一个七千七百七十七人的守城队伍，大部分是些市井无赖，还有几个像我们这样无辜的生辰合于六甲的良民。这支队伍里，"六丁力士""北斗神兵""天阙大将"比比皆是，一个个道冠道服，一手拿着兵器，一手拿着拂尘，在城墙上装神弄鬼。

后来郭京的牛吹得越来越大了，说是出城就可以所向披靡，活捉完颜宗望。皇上对此深信不疑，便让郭京带着他的"神兵"到战场上厮杀一番。

于是，汴京城外的金兵看到了自打出娘胎以来就从未见过的稀奇事：城门大开处，一队穿着花里胡哨的道士挥动宝剑和拂尘杀了过来。金兵见此百年未遇的场景既惊诧，又

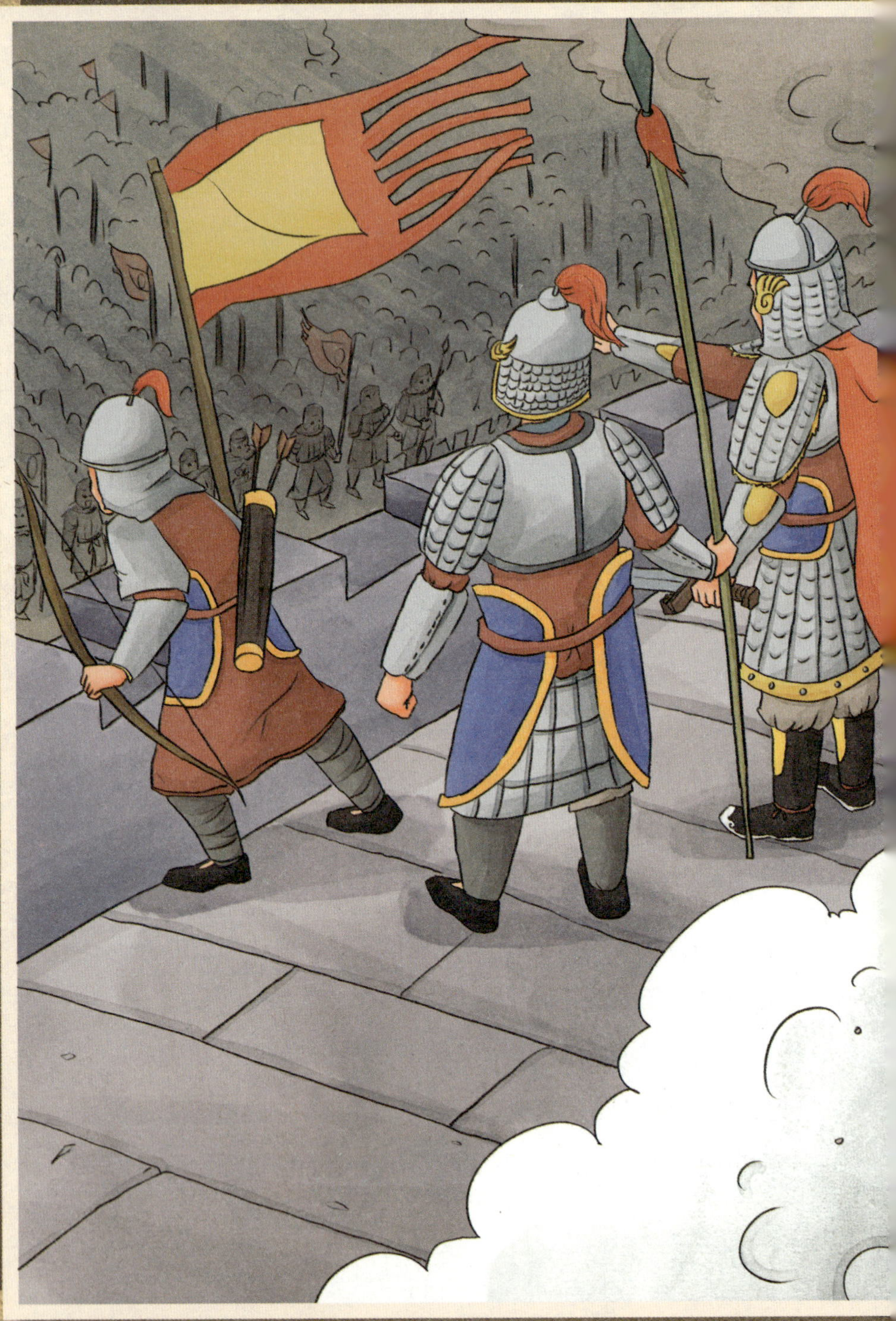

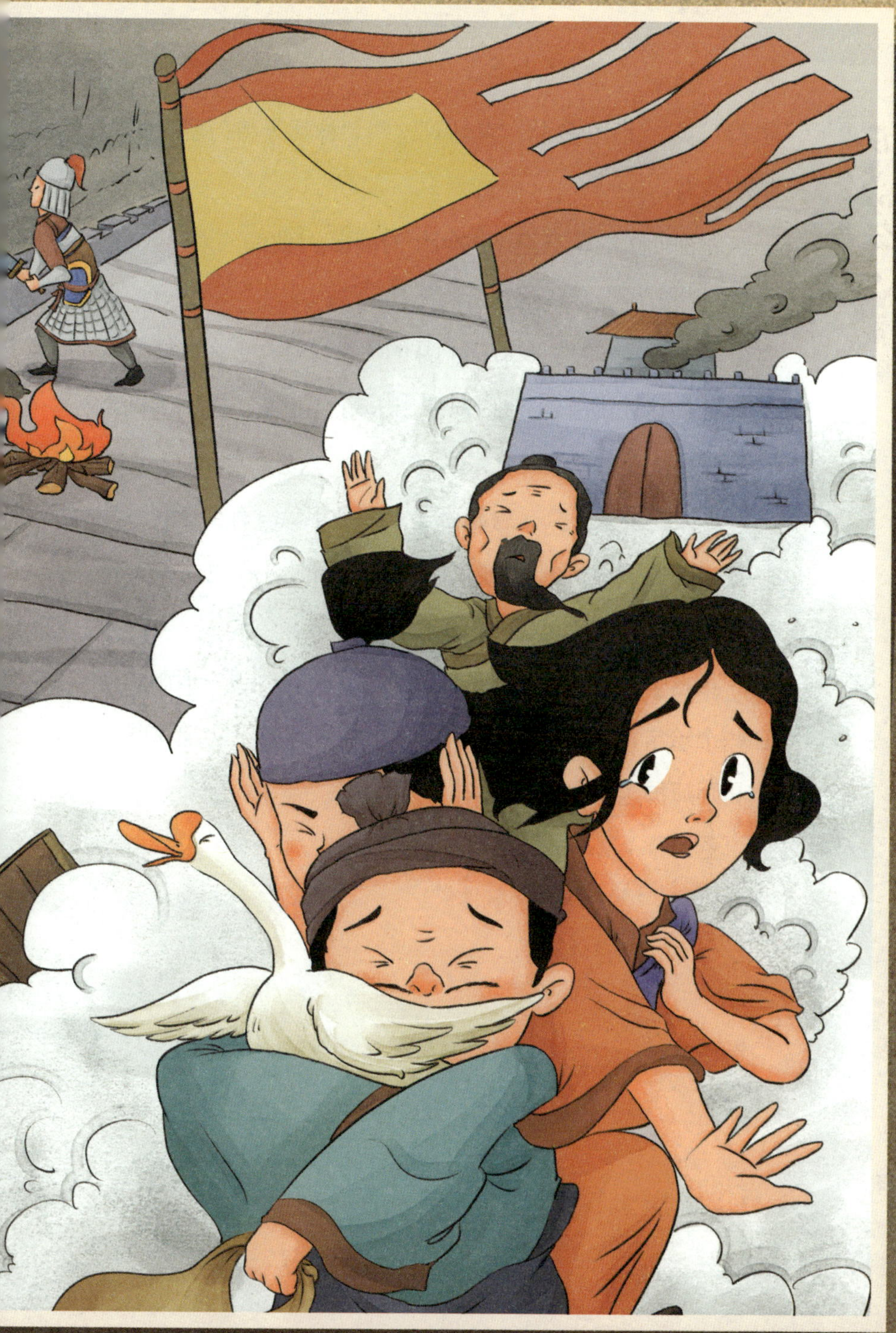

觉得可笑。话不多说，立马对这些"神兵天将"展开了无情的杀戮。

郭神仙吹的肥皂泡顷刻间化为泡影。他的"天兵天将"被金兵冲击得七零八落，所剩无几。

当金兵潮水般拥向城门洞开的汴京城时，坐在城楼督战的郭神仙这才慌了。他借口要出去亲自上阵，找了个机会偷偷溜了。

我因为个子不高，看起来还是个少年，没有被送到城外厮杀，因此看见郭神仙脚底抹油——溜了，我也三十六计走为上，跑下城楼，直奔画院而去。

我心里明镜似的，汴京城能不能保住很难说，但画院里那些个珍宝可不能丧于金兵之手。我得想方设法把这些画作和画师护送出汴京。

第10章

盗画遇友

1

在金兵围城之初，朝廷发生了一件大事，严重动摇了汴京城军民抵抗金兵的决心。

宋徽宗得知金兵逼近汴京，不敢担负抵抗金兵的责任，一心只想着逃到一个金兵捉不到的安全地方去，于是就把帝位传给了他的儿子赵桓，就是宋钦宗，同时改元为靖康。

看过金庸先生所著《射雕英雄传》的读者对"靖康"二字一定不会感到陌生，其中主人公郭靖和杨康的名字就来自宋钦宗靖康的年号。

老子贪生怕死地让了位，谁知儿子也是一个胆小如鼠的人。宋钦宗在仓皇失措中组织守战，心里不住地埋怨老爹怎么会在这个节骨眼儿把帝位传给他，而老爹自己却撂挑子去当什么太上皇去了。

整个汴京城笼罩在一片国破家亡的悲愤气氛之中。

却说那日子满在蔡府门外徘徊，蔡府家人进进出出，传递消息，场面十分混乱。他跟在一个外出办事的仆人后面，走到一隐蔽处，用剑柄一下子把那仆人打晕了。然后子满换上了仆人的衣装，再次回到蔡府。此时全城都杂乱无序，因此，他潜入蔡府也没受到什么人的注意。

子满此次行动的困难在于他不知道进了蔡府如何找到那幅《千里江山图》。前院后院，几进几出，他七寻八找，就是找不到画在哪儿。原来蔡京对王希孟这幅画喜欢得不行，把画放在了他珍藏宝物的密室里。子满无头苍蝇般乱撞，哪里找得到？

幸亏，子满行至蔡京书房，听到下人们正在低声议论，一个说："太师传来话，说是皇上震怒，要抄他的家，让咱们夫人把密室里的珍宝都收拾好，要秘密运往江南呢！"

另一个人问道:"你进府这么多年,可知这密室在哪里?"

之前那个人说:"我品级这么低哪里能够知道?就听老管家说过这么一嘴,说是在书房里,但具体怎么进入,知道的人就少之又少了。"

两个人又闲话了几句,便走了。

子满一听,一半欢喜一半忧,欢喜的是自己此刻就在蔡贼的书房,忧的是虽然近在咫尺,却无能为力,找不到密室入口。

他在书房里好一阵踅摸,正在绝望之际,突然发现一处特别之物,那就是书案上的一方砚台。一般的砚台里都是积攒了许多墨汁,可是眼前这一方砚台却是清新、干净无比,这就奇怪了。

子满走过去，想把砚台拿起来仔细观察一下，可出乎他意料的是，区区一个轻便的砚台，他用了很大力气，也没将其拿起来，砚台仍旧稳稳当当地贴在书案上。

子满觉得这砚台下面绝对有猫儿腻。于是，他把宝剑放在一旁，使足了劲儿用最大力气再次搬动砚台，只听"咔吧——嘎吱吱吱"一阵响动，砚台下面没有动静，书案正对面那堵墙上却现出一道暗门。子满闪身进去一看，好家伙，珍宝琳琅满目，密室的墙壁正中悬挂的正是王希孟的《千里江山图》。

子满恨恨地说道："老贼真是可恶，原来早就想霸占这幅名作，故而害死了王希孟大哥。还有那个皇上，也是不怀好心，忌妒王希孟大哥的画技，嘴上虽不说，暗地里却让蔡京把王希孟大哥给害死了。有这样的君臣，不亡国倒是没天理了！"

子满急忙把画收起走出密室，刚出书房，就听一声喊："抓贼！书房闹贼了！"

虽说蔡府的家丁都出门守城去了，可留下看家护院的人也不少，他们很快被组织了起来，朝着子满撤退的方向追去。

子满顺着来时路，迅速地退出蔡府。刚到大街上，蔡府的家丁就追到了，他们像一群疯狗，把子满围在一处高墙之下，明晃晃的钢刀封住了子满的退路。

就在这千钧一发之际，忽然有个人从远处断喝一声："贤弟，莫怕，为兄到了！"

子满循声望去，简直是惊喜非常！

来者正是岳飞。

2

蔡府的家丁哪里管得了这个，平时都骄横惯了，也不管来人是谁，纷纷举起钢刀朝子满头上砍去。

岳飞快步来到近前，把手中枪一抖，几个枪花闪耀，就把那些人的钢刀悉数挑落。

蔡府家丁一看来者不善，自知不是对手，也不敢硬上，撂下一句狠话："有种别走，我们搬救兵去！"就抱头鼠窜了。

子满抱住岳飞，流泪道："大哥，你怎么来了？"

岳飞把长枪收起来，握住子满的手道："三弟，你怎么被这些人围困？他们是什么人？"

子满就把王希孟遇害，他入蔡府盗画的事跟岳飞说了。

岳飞道:"三弟,你可一身都是胆!"

子满也咧嘴笑了,问道:"大哥,你怎么到了汴京?"

岳飞叹道:"一言难尽,我去保卫太原,阻止金兵南下,不想官军无能,又缺少支援,太原城被围困数月之久,还是被金兵攻破了。金兵势如破竹,如入无人之境,很快就跨过黄河,逼近汴京。我跟随溃兵辗转南下,得知汴京被围,这才混进城来,准备守城。谁想到朝廷一败如此,看来汴京也危险了!"

子满惊道:"难道这么多军民连一座城池都守不住?"

岳飞开玩笑道:"郭神仙的'神兵天将'都被打得屁滚尿流,何况咱们这些个肉体凡胎呢?"

子满一听也笑了。

岳飞问道:"子六哪里去了,怎么没和你在一起?"

子满摇头道:"不知道是在遇仙楼,还是在画院,他要保护那些名画名师,不知道现在吉凶如何。"

岳飞道:"二弟是个有心人。你们下一步有何打算?"

子满愤然道:"朝廷都靠不住了,老百姓还有活路吗?朝廷自有可恨之处,可是这金兵也太嚣张恶毒了,听说一路上杀害了不少百姓,血流漂杵,千里白骨,我这心中着实气愤。如果哥哥不嫌弃,我想跟哥哥从军,守卫汴京,保护

百姓!"

岳飞拍了拍子满的肩膀,道:"好样的!男儿就要保家卫国,如今国家遭遇大难,百姓朝不保夕,正是我辈护国救民之时,怎么能够偷生苟活?而且,我听说投降派的将领已经被罢免了,老将军宗泽主持了守城事宜,正在号召四方官军勤王,号召城内军民一起守城,这样一来,这场战役的胜败还未可知啊,我就是要投奔宗泽将军去,贤弟,我们不如同去!"

"大哥，我也是这个主意。只是我这么走了，我老哥会急死的。不如我们先一同回遇仙楼，把事情对他说了，没准儿他也要从军呢！"

"好，我们先去找子六。"

到了遇仙楼，他们扑空了。当时我已经身在画院中，正在清点画册，组织画师，准备转移这些名画名师了。

遇仙楼老板告诉子满："子六说了，你平安归来后，不要担心他，只要耐心等待，他完了事自当回来。"

子满跟老板说："等不及了，你且拿纸笔来，我给我老哥留几句话，你务必亲自交到他手上。"

子满就把跟岳飞从军的事写在纸上，交给了老板。

他们出了遇仙楼，就往宗泽营中奔去。

金兵的攻势越发猛了。郭神仙逃跑之后，金兵一度攻进城来，但在汴京军民的共同努力下，又被赶出城去。金兵准备好了攻城器具，如火梯、云梯、偏桥、鹅车、洞子、楼车、对楼、撞竿、兜竿等。火梯、云梯、偏桥、鹅车、对楼都属于云梯一类，高度大都跟汴京城的城墙一般高，有的甚至高于城墙，皆用车轴推行；洞子可以开道，也可以攻城，形状就像两只手掌合在一起，上边尖锐，下边宽阔，人可以在里面自由行走，外面再用牛皮、生铁裹定，矢石火箭都射不透。更厉害的还有石炮，巨大石块射向城门、城墙，触者即开即裂，威力非凡。

宋朝的官兵难以抵挡。不到一个月的工夫，汴京便失守了。

宋钦宗不得已向金国的皇帝献上了降表。金帝接到降表后，当即就把宋徽宗、宋钦宗贬为庶人，拘押在金兵营中。

金兵入城后，除了捉拿二帝及其皇族外，第二件要干的事就是冲到翰林院和画院，把宋国的金银、绢帛、书籍、图画、古器等财宝搜刮殆尽。

③

二帝被俘的消息传到画院时，我的工作也接近了尾声。我可干了几件大事。

第一件，我把《宣和画谱》所载录的那些名画都打包好，外面用稻草包裹，装在筐里，分发给化装成客商的画师，让他们往外城四面的十几道城门散去，以便趁着混乱逃

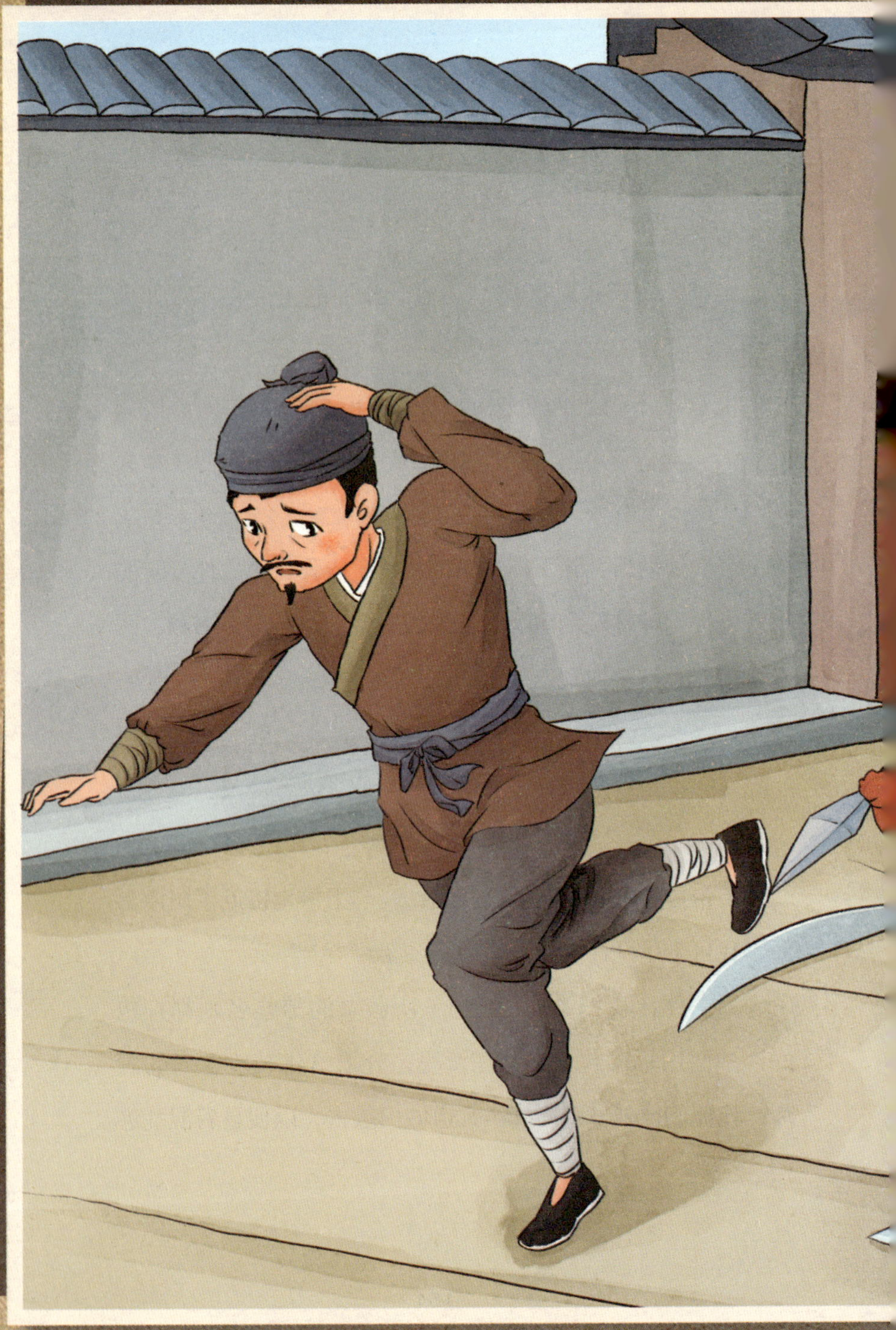

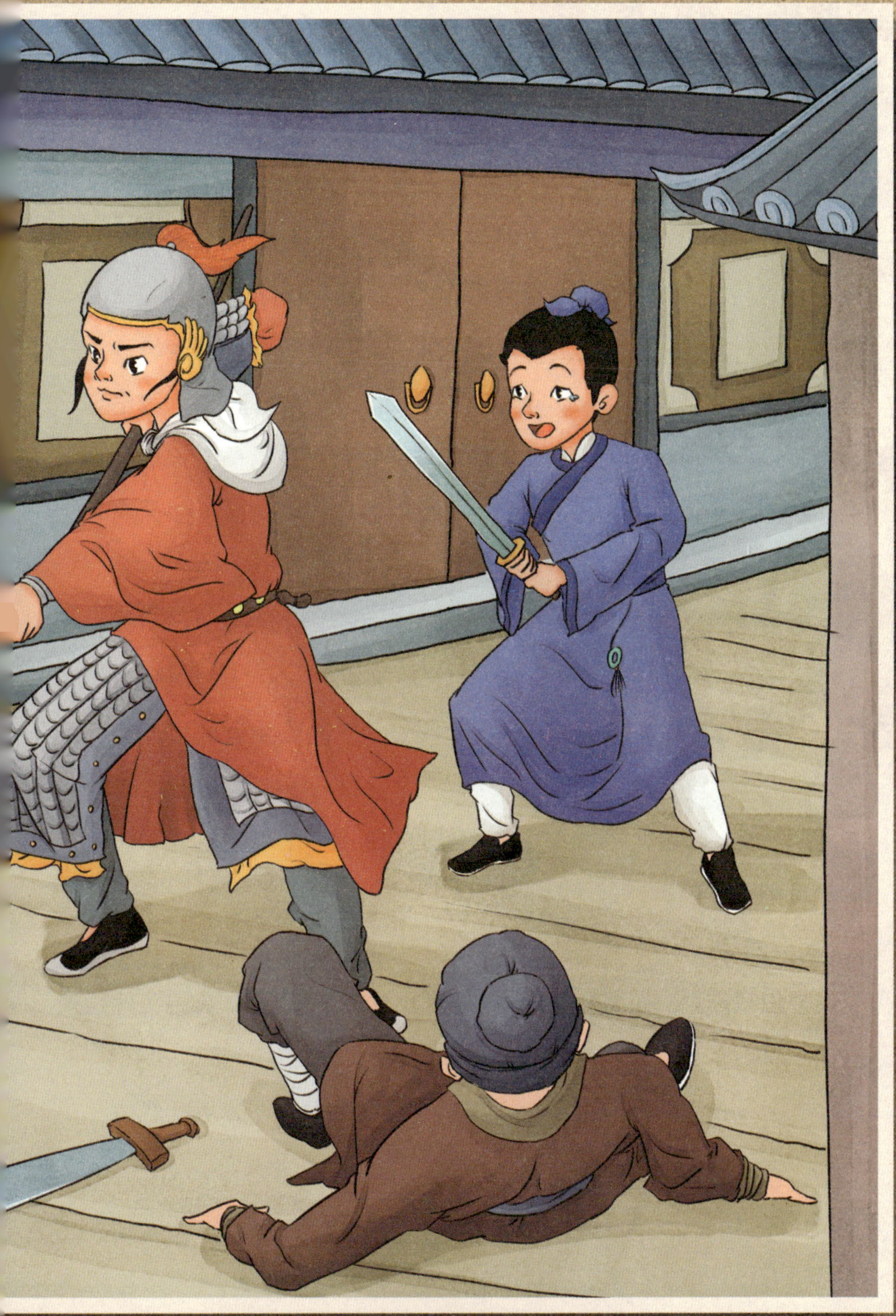

出城去。

第二件，当我进入画院正准备抢救名画的时候，张择端大哥已经先我一步在做抢救工作了。我们一边打包画作，一边聊家国大事，越聊越投机，张大哥甚至说："子六啊，要是咱们能活着逃出汴京城，我就把我这一手风俗画的画技传授给你，不知你愿意学吗？"

我当即跪倒在地，口称师父："师父在上，国难当头，恕弟子礼仪简单，从今以后，您就是我的师父，我就是您的徒弟，我在这儿给您磕头了！"

张择端大喜，扶起我，道："这真是患难见真情。我还没教你呢，你倒先磕头了，要是我被金兵杀死了，你这头就算白磕了！"

我凄然一笑："纵然如此，您也是我师父了，头既然磕了，我们的师徒情分就定下了。"

张择端涕泪横流道："好徒儿！"

第三件，就是当初我在来画院的路上遇到的两位故人，一位是曾经教过我画艺的李唐老先生，一位是曾经在太行山占山为王的朱锐，我们又见面了。

李唐把一幅画交到我手上，说是宫素然托他转交的。我打开一看，惊艳非常，正是宫师父曾经说起过的《明妃出塞图》，上面的几匹马，画得就跟当初滦州石佛口山上遇见过的那匹一样，神态、举止无一不酷肖。

泪水在我眼中氤氲。时光荏苒，宫师父画艺一定更胜当初了，无限思念荡漾在我的心中。

朱锐因为金兵入侵，在太行山待不下去了，他带着手底下一哨人马多次破坏金兵的行动，遭到金兵的疯狂报复。无奈之下，他只好带着全寨人马南下，装扮成平民百姓，混入汴京城中，寻思着躲避战乱。谁承想，他们前脚刚进城，后脚金兵就把汴京城给围困住了。

我让他将山寨的人马分散在十几个城门外，接应这些背筐的画师，并把他们全部转移到安全地带，等着将来国家恢复、画院重建的时候，再号召聚集。

当金兵冲进画院的时候，他们一定会吃惊地发现，只剩下一间间空荡荡的房子等着他们去搜刮。他们恨不得挖地三尺，可惜我连一根稻草都没给他们留下。

我保护着张择端出了宫门，街道上到处都是金兵，明火执仗，烧杀抢掠。我们回到遇仙楼，好在这里还安然无恙。老板看我回来了，赶紧把子满的留言交给我。

我看了，点了点头，对张择端说："师父，子满跟随我结义的大哥岳飞投奔宗泽将军去了，我本也是要去投军的，但我得先把您护送走。"

张择端道："个人安危事小，国家安危事大。你不要管我了，要像子满一样，报效国家。"

"我护送您出城也是报效国家。您可是国宝，也是我师父，徒弟不能不顾师父的安危。我把您送到朱锐那里，再去宗泽老将军营里找他们！"

我们出了遇仙楼，往城南南薰门方向撤退。那里有座迎真宫，朱锐安排好了人在那里接应我们。

我们白天不敢行动，到了晚上，才敢穿一身黑色的夜行衣，悄悄撤退。我手持宝剑在前，张择端跟在后边，不敢直接走大街，专拣僻静黑暗的小道走，转了一两个时辰才到了南薰门附近，寻了一处水穴——皇家的养象所，大象离不开水,而且需水量极大,因此有专门的孔道连接着水道。我们从水穴里出来,趁着浓浓的夜色溜进迎真宫。

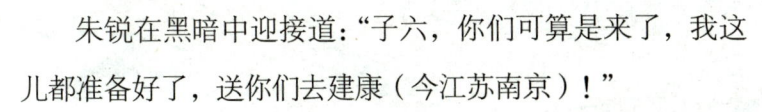

朱锐在黑暗中迎接道:"子六,你们可算是来了,我这儿都准备好了,送你们去建康(今江苏南京)!"

第 11 章

旧京繁华

①

我们逃出汴京城,徽宗、钦宗成了金兵的阶下囚。

当时子满追随岳飞还在汴京做最后的抵抗。金兵破城之后,宋钦宗仓皇之际拟了一道密诏,封在泥丸中,交到老将宗泽营中,让他伺机送出城去,交给正在相州的康王赵构。

原来，宋钦宗预感到情况不妙，决定把帝位传给曾经跟金国打过交道的弟弟——康王。

宗泽召集营中诸将商议对策，诸将都摇头叹息。无奈之下宗老将军把军中曾参加过敢战士、踏白使的将官和士卒都聚集起来，准备不惜任何代价突围。敢战士和踏白使都是战场上一线管兵中的敢死队和攻城先锋。

此时，汴京城被金兵围得水泄不通，飞鸟难过。除非十分熟悉汴京的地理地形，对那些很少有人知道的小径、水道、城墙孔穴等烂熟于胸，否则即便会飞，也会被金兵射落。

岳飞报名参加了这次召集活动，他看出宗泽是病急乱投医，失了章法，就起身进言道："老将军，切不可组织敢死队去突围，您想想看，金兵围困如铁桶一般，飞鸟尚不得过，何况是一群血肉之躯。现在无论出去多少人，下场只能是死！"

宗泽须发皆张："依你看，如何措置？如今二帝蒙尘，家国希望都寄托在康王身上，我们的干系重大，越早把密诏送出去越好！"

岳飞眼中露出坚毅的神色，道："依我之见，众人出不如一人出。组织敢死队突围更容易引起金兵的防范和绞杀，那样不但送不出去密诏，敢死队也保不住；若是选择一两个人偷偷出城，或从水道，或从野径，或从孔道，兴许就能突出重围。"

宗泽手抚长髯，不住点头。

"只是，谁是这一二合适之人？"

他环顾这些将卒，似乎在等着主动请缨的人，可是环顾来环顾去，并无一人敢站出来。宗泽非常失望，摇头叹息。

这时，岳飞挺胸道："老将军勿忧，我愿往！"

子满一看大哥说要去，自然也要跟着去，所以也把胸脯一挺，慨然道："我也去！"

岳飞望了望子满，胸中豪气万丈。

宗泽握住岳飞的手，道："国家存亡之际，众人都自顾性命，你们俩却不避生死，愿意冒死前往，让老夫心中甚慰。倒退四十年，若我在你们这个年纪，自然也是义不容辞的，恐怕那时还轮不到你们头上。"

老将军抚今追昔,唏嘘感叹。

宗泽选了一个月黑风高之夜,从陈桥门一处拐子城上垂下一个竹筐,岳飞和子满坐在竹筐里。

竹筐悄然无声地落地,岳飞和子满从里面出来,趁着黑魆魆的夜色潜行。陈桥门在汴京城的东北隅,既没有皇家园林,也没有名胜古刹,因此金兵对它的防范不如其他城门严密。但每隔一刻钟,仍有几支巡逻小队来往侦察。

岳飞和子满出城不敢走大道,一头扎进密林里的小径,急急趱行。

在快要离开汴京城界的时候,一座金兵营帐横在那里,阻住了去路。岳飞和子满仔细侦察了附近地形,发现就在营帐不远的地方有一条小河,河道不宽,可水流比较急。

岳飞眼睛一亮,问子满道:"三弟,你可识水性?"

子满咧嘴一笑:"不敢说识,只能说比在陆地上还要快活些!"

子满暗自高兴——等将来有空了,得跟岳大哥好好说说"潜水驯马"的故事。(参见《历史少年——我在汉朝当马夫》)

岳飞也笑了:"如此甚好,我们就从水道走吧。"

他们从怀中掏出了水行衣靠,悄悄换上,无声地来到岸

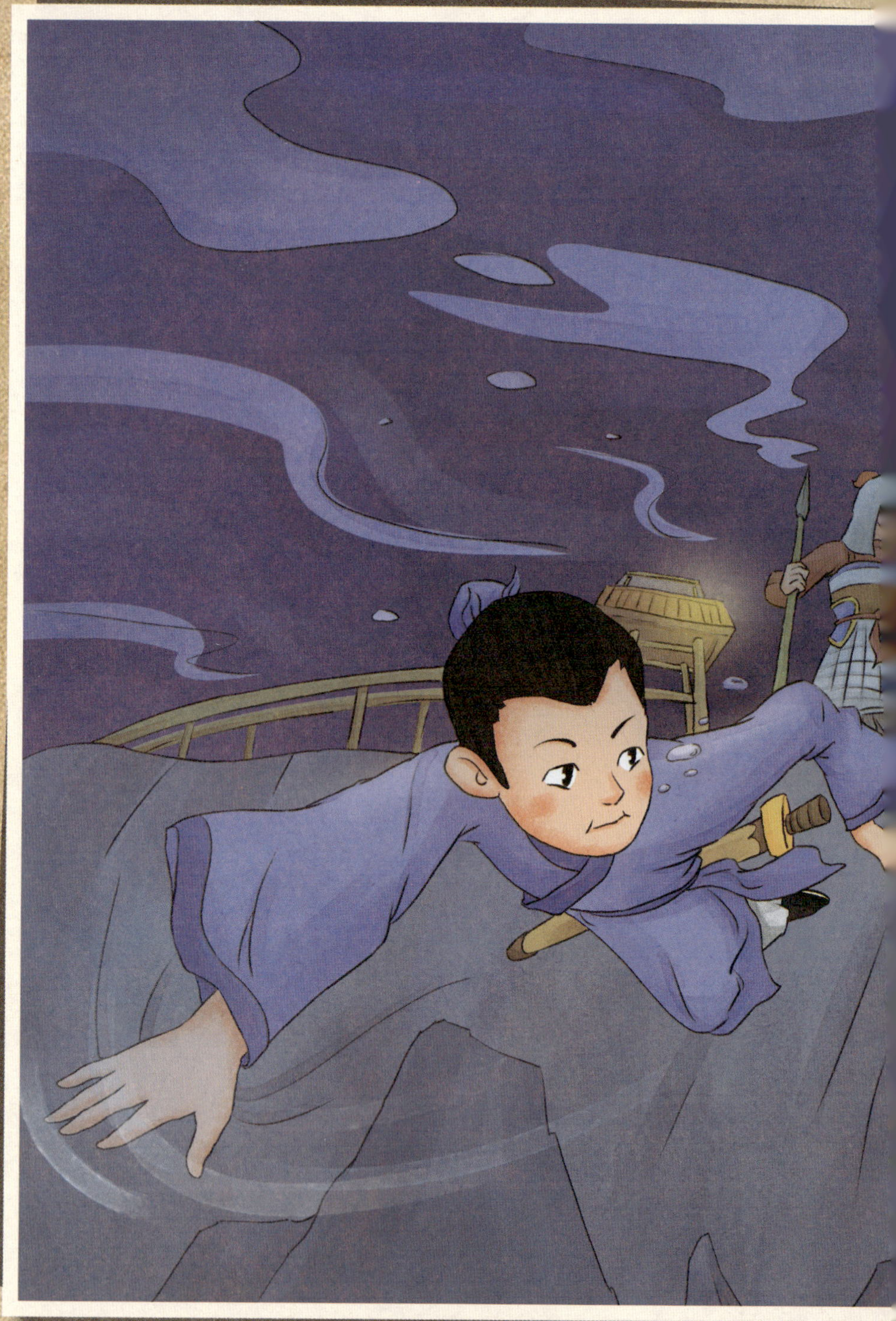

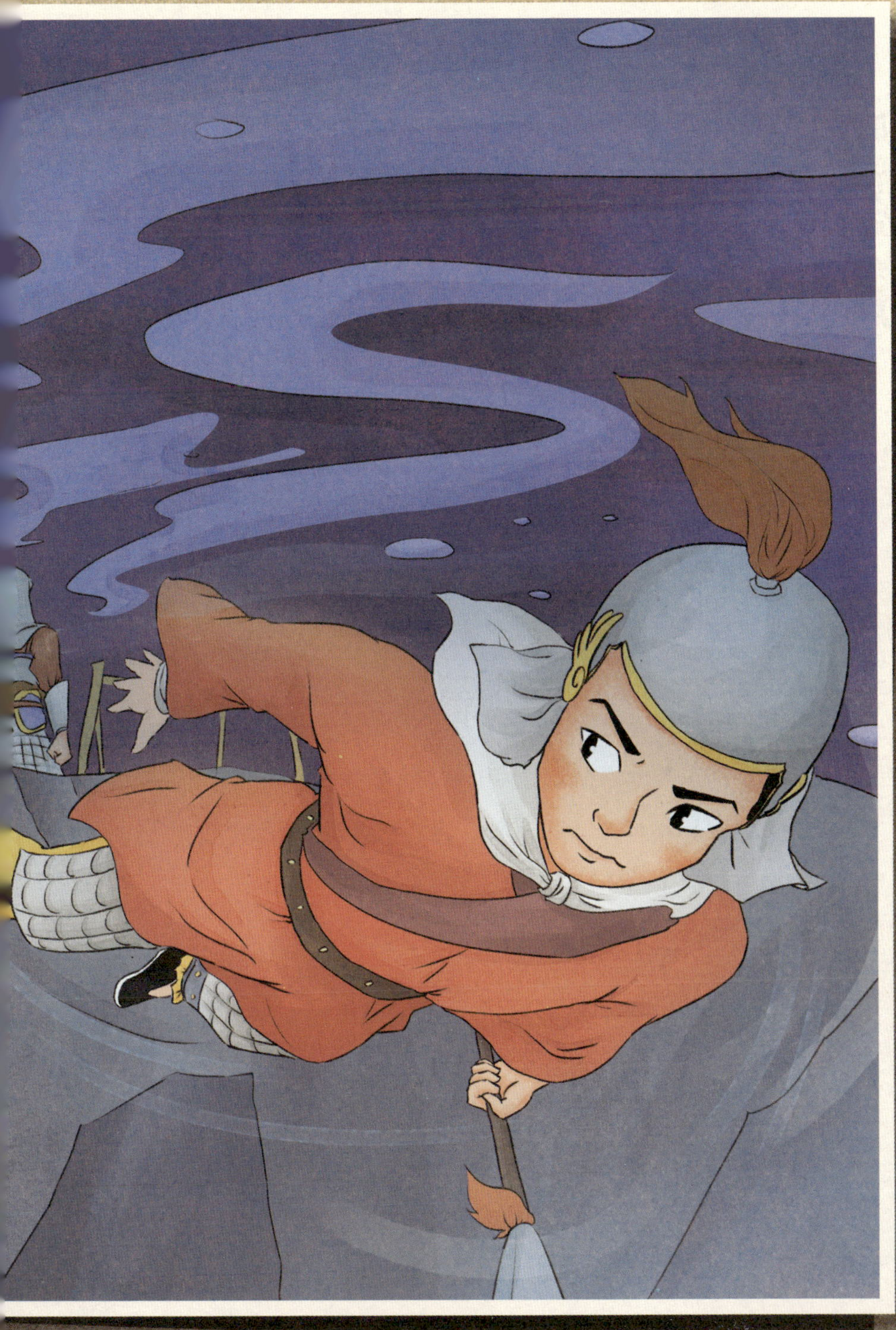

边，像两只水狸一样悄然下水，然后潜入水底，像泥鳅翻沙一般顺着水流游向汴京城外。

当东方发白的时候，他们已经奔驰在通往相州的大道上了。

2

汴京城里也发生了剧变。当金兵发现宋国的都城已然无物可掠夺的时候，他们决定把徽宗、钦宗二帝，以及其他宗室男女共计三千余口，押往金国北境的王庭所在地。

金兵撤出汴京城时，我跟张择端也到了建康。在途中，我们听说康王赵构在相州打出了河北兵马大元帅的旗帜，河北、河东等地的忠义民兵和大宋官军都投奔康王麾下，老将军宗泽也被任命为副元帅。我想岳大哥和子满应该也到了康王的帐下。

靖康二年（1127）五月初一，赵构在应天府（今河南商丘）登基，改元建炎，建立南宋。

宗泽被任命为东京留守，岳飞和子满也随之奔赴汴京。加上北方归来的忠义军民和各地勤王的部队，汴京的军事力量超过百万。如果此时宋高宗志在抗金，整顿人马，很可能一鼓作气收复失地，可惜他的胆子一点儿也不比他的父兄大。

此时淮河以北的领土尽丧，长江跟淮河之间的领土处于彼此争夺的态势中。为了躲避金兵再次南侵的锋芒，高宗在一群投降派和逃亡派的簇拥下，先后把他的小朝廷，从应天到扬州，从扬州到建康，从建康到杭州，从杭州到越州，甚至从越州流落到了海上，征用了几艘渔船，作为南宋朝廷的办公场所，实在是窘迫至极。

我和张择端留在建康，终日听到的都是不好的消息，除了连连哀叹，我们又有什么办法呢？

我们租了一处草堂，总算安顿了下来。平日里，两杯清茶，几口淡酒，聊以度日。

那一天，风雨如晦。我们在风雨前对饮。

张择端长叹一声："好好的一个国家，如今只剩半壁，还处在风雨飘摇之中，昨日繁华，今日凄惨，恍若隔世。"

我"哼"了一声说道："这也是意料中之事。徽宗老儿不爱惜江山，蔡京、童贯一干奸臣粉饰太平，老百姓醉生梦死，清醒如王希孟者被奸人所害，如此朝廷焉能不亡！"

"可惜当日满眼繁华终成一场虚梦！"

"我也读过一些史籍，历代以来的城市繁华，能跟汴京比肩的十分罕见。汴京商业之繁盛、文化之昌盛、艺术之隆盛，在历史上都是首屈一指。徽宗老儿飘飘然的感觉绝非凭空产生。自从太祖立国到徽宗御宇，凡一百五六十年，汴京可谓称雄宇内，世无所匹。"

我心里暗想：难怪后世大学者陈寅恪曾说，"华夏民族之文化，历数千载之演进，造极于赵宋之世"，宋代是中国传统文化发展的巅峰时代。文学、艺术、哲学、教育、科学、医学、工艺，可谓百花齐放，并且达到了前所未有的高度，可惜好景不长，靖康之变，繁华成空，岂不哀哉！

我伤感道："恐怕后世也不会记起汴京当日的繁华了！"

张择端也是一阵唏嘘感叹，不过他说："说来惭愧，我没有王希孟的勇气，不敢以画死谏，可是我也有我的想法。我预感到大宋将要有此一劫，因此平日没事的时候，我就把汴京一年四季的好景致、好故事画下来，断断续续画了许多年，如今也差不多成了，只是从来没给人看过。"

"真的吗？"我惊诧异常，"师父，能不能把草稿给我看看？"

张择端把那些草稿都给我看了。我看罢，惊叹道："师父，后世能不能回忆起旧京繁华，就在你这幅画上了！你不是想给风俗画开宗立派吗？你的这些画稿完全可以震古烁今了！你重现了汴京旧日繁华，何愁你的大名不垂芳于千古，大宋的极盛不传播于万世！"

同时，我也提出了一点点看法："这些画稿，汴京的旧日繁华是有了，清明佳节，无边的莺莺燕燕，到处杨柳青青，百花斗艳，市井上人马声喧，商铺林立……十分真实，十分鲜活，但有一点，要是再能加入进去一点'盛世危言'的意蕴，那岂不是更完美？当然了，这是我一点浅显的看法，不知师父意下如何？"

张择端颔首道："你的这个意见要在国家未亡时，倒也无所谓，可是现在国家亡了，二帝被掳，这些盛世危言的意蕴就显得十分重要！盛极必衰，盈则必亏，这就是盛世危言。要是太上皇懂得这些，也不至于沦落到如今的下场了，呜呜……"

3

张择端将全部精力投入新画的创作当中。

我在一旁打下手，着实跟他学了不少本事。当然我也展现了自己的莫大作用，当他侧重于呈现汴京的原风原貌时，我则在"危言"方面对他多有建言。

我回忆起在汴京跟王希孟一起工作的那几年，走遍了汴京城大大小小的街巷，遇到了许许多多当时看来无所谓现在看来却别有意味的事，这些事暗示了即将到来的危机，可惜当时却没人引以为戒，最终成为永远无法弥补的憾事。

现在将这几件预警的事件叙述如下。

第一件事，称为"官马失惊"事件。

我记得当时正是清明佳节。有一伙人鲜衣怒马踏青而来，前边有人开道，后边有马夫和挑夫殿后，中间一位官人骑着高头大马，两旁是装扮时兴的豪奴，簇拥着一顶轿子，里面坐着一个贵妇人，轿顶插满花花绿绿的花草。另外还有一个仆人，手里拿着两只野鸡，应该是此次野外活动的收获。街旁有一个小孩趴在墙头上观望。

不知什么原因，那匹马突然受惊狂奔，三个马夫慌忙在后面追赶。周遭的人顿时惊慌失措，有的招呼路边玩耍的小孩，有位持杖老人慌不择路。连酒馆前面的驴子也被惊马吓得乱跳起来，引得酒馆里的顾客争相观望。

整个场面惊险紧张，平头百姓的惊慌无措与官人的骄横形成鲜明的对比。可见汴京作为宋朝的都城，官民之间的关系已然很紧张了。这在当时当然算不上什么打紧的事。

第二件事，称为"望火楼空"。

汴京城的每个小区都建有望火楼，用来通报火情。当初设置望火楼的时候，亭子上都有官兵轮值，楼下也有官军驻扎，一旦哪里出现火情，官军和城市禁军闻讯而动，迅速组织灭火。

可我记得我在汴京生活了这么多年，从第一天进城起，就不曾见望火楼上有过哨兵。不但没有哨兵，楼下还开满了酒馆食肆，原来驻扎的官军也不知道都到哪里去了。

现在想来，汴京的消防系统形同虚设，早已废弛，官府和市民一味享乐，早把风险和忧患远远抛诸脑后，这在当时自然也不会引起大惊小怪。

第三件事，称为"虹桥险情"。

这件事还得从宋徽宗热爱的花石纲说起。朱勔当初运送花石纲入城，由于汴河水道深度有限，只能由几个纤夫拉纤，缓缓而行。好不容易行至虹桥带，却出现了惊险的一幕。虹桥一带，河面狭窄，水流湍急。几个纤夫埋头苦干，可船上的水手却忘记放下桅杆，眼看着巨船就要跟虹桥相撞。

虹桥上的行人看了都大惊，纷纷呼喊。纤夫闻声松开绳索，水手有的掌舵，有的撑篙，有的掷缆绳，有的放桅杆，有的用长杆顶住桥洞，一片纷乱紧张。桥上的行人驻足观看，有几个人已经翻过栏杆准备援手，场面一度眼花缭乱，鼎沸一片。

我当时就行走在桥上——桥上非常热闹，卖绳索的、卖鞋的、卖铁器的……把小摊直接摆在了交通要道上。虹桥本来就窄，路人、挑担工和驮货物的牲口不得不拥挤穿行，小贩们却安然地在旁边招揽生意——我正流连于一个鞋摊，清明节了，想给自己买一双崭新的布靴。

除了桥下的险情，桥上也"热闹"异常。就在离我所驻足的鞋摊不远处，坐轿的文官和骑马的武官冲撞起来，两队挥动老拳，各不相让，吵骂不休，更是增加了桥上的交通压力。

现在想想，当时花石纲的运送已经给老百姓带来了重大负担，他们敢怒而不敢言；朝廷中文武官员的矛盾也比较突出，宋代重文轻武的传统受到挑战，更深层次的矛盾是重文轻武所引发的军事腐败和国防废弛现象十分突出。这在当时也自然被认为是无所谓的事情。

第四件事，称为"有门无事"。

清明上河图

　　为北宋风俗画，北宋画家张择端的存世精品，属国宝级文物，中国十大传世名画之一。此图宽24.8厘米、长528.7厘米，绢本设色。作品以长卷形式，采用散点透视构图法，生动记录了中国12世纪北宋都城东京（又称汴京，今河南开封）的城市面貌和当时社会各阶层人民的生活状况，是北宋时期都城东京当年繁荣的见证，也是北宋城市经济情况的写照。在五米多长的画卷里，共绘了数量庞大的各色人物，牛、骡、驴等牲畜，车、轿、大小船只，房屋、桥梁、城楼等均各有特色，体现了宋代建筑的特征。具有很高的历史价值和艺术价值。《清明上河图》现藏于北京故宫博物院。

注：《清明上河图》局部——汴梁虹桥

汴京的城墙形同虚设已经成为当时人们的共识。夯土垒成的城墙四处坍塌，没有任何防御工事。城门洞开，前后上下竟然没有一兵一卒把守，北宋初期建立的禁门之制，完全荒废。

我记得我曾在西城固子门一带游玩，那里的城墙和城门稍微坚固些，但也是四方洞开，毫无防守。那些辽国、金国的奸细和流民，经常盘桓在那一带，随地可见他们的乘骑——骆驼。

宋徽宗时期的忧患意识和国防观念的淡薄于此可见一斑，这在当时自然也是无足轻重的事。

当我把这些素材提供给张择端的时候，他的眼睛闪着光，说道："子六，你真是了不起，你给我的画注入了灵魂！"

灵魂？有吗？

我不过是帮他回忆了一些细节。

其实，我此时也是非常懊悔的，这些草蛇灰线在当时根本没有被觉察出来——要不是现在北宋亡了，我还以为那些事真就是寻常生活中的一些琐事，无足道哉。可现在看来，北宋的灭亡早有征兆。

我也更加深刻地理解了王希孟为什么要画那幅《千里饿

殍图》，并不惜以死画谏了。

数月之后，当张择端把一幅墨迹未干的画作呈现在我面前的时候，我吃了"两大惊"。

一是这幅画作规制宏伟又细致入微，人物众多却又各个鲜灵活现，哪怕是最边边角角的人物，其面部表情也生动鲜活，自有意趣；楼桥台阁，宫观庙宇，园林山水，花草树木，杂耍百戏，商铺货摊，行船坐贾，星相算卜，驱牛赶羊，牧马放猪，骑马坐轿……简直就是一个完整的世界，把汴京城曾经的繁华和喧闹在纸上呈现、绵延……

二是张择端画完这幅画后，头发竟已全部变白。我刚开始的时候还未察觉，也许也是因为久居一起，没有细心体察，所以，当这幅画大功告成的时候，我才惊愕地发现，他的头发已然花白，面容也像老了几岁一样。

这幅画一定是耗去了他非常大的心血。

我连连赞叹，问道："师父，此画何名？"

张择端眼望着远方，缓缓说道：《清明上河图》！"

第12章
睹画伤情

①

宋高宗赵构后来几经辗转才在杭州立稳了脚跟。南宋小朝廷一边忙着跟金国周旋,一边着手恢复早已不成样子的经济、文化等国家大业。其中一件就是筹建绍兴画院,把那些因为战乱而流散江南的画家重新聚集起来,使文脉不至于中断。绍兴也是宋高宗的一个年号。

听到这个消息,我让张择端前往临安。

张择端问道:"子六,你呢?"

我思忖了一下,道:"我自然是不会去临安的。"赵构也是贪生怕死之辈,比他的父兄强不到哪去。金兵都把他赶到海上了，依然执行不抵抗政策。现在定都临安，媾和于金国。我去了那里，非得气死不可。"

"那你想去哪里？"

"我听说岳大哥率领一支军队正在跟金兵对战，子满也在军中。我本想去找他们，可是，我心中有股不平之气，实在难以消散。我想携带您这幅《清明上河图》，北上探寻徽、钦二帝，把画给他们看，让他们好生后悔一番。"

"子六，你冒锋镝之险去见二帝，值得吗？"

我眼中含着泪："值不值得已经不重要了。您还记得王希孟吗？"

"当然记得！"

"我把画送给二帝去看，就是要让他们对王希孟的枉死进行忏悔！"

"唉……"张择端默然不语。

第二天，张择端要往临安去。临别，我嘱咐他："师父，你一切都要以平安为念，等将来驱逐金兵，收复失地，咱们自然还有见面的机会。"

张择端愁绪满怀，道："能够结识你们一干少年英才，真是人生幸事。我自知没有力气跟你们驰骋疆场，但愿你们平安吧。我之前答应教你风俗画，却因为种种事情耽误了,假如将来天下太平,我们能重逢,我一定好好教你风俗画。"

"师父青山不老,绿水长流,后会有期!"

别后,我把《清明上河图》包裹好,绑在身上,准备了一些吃食,一路向北出发。

一路之上,到处可见金兵扫荡之后的惨败之象,满目疮痍,实在让人痛心。江淮间的那些良田全都成为无主荒地,那些曾经阔气豪奢的庄园如今已是蛛网缠结,破瓦颓垣。

黄淮之间被金人扶植的伪齐政权所统治,这个横在宋、金两国中间的缓冲地带,成了金人搜刮和压迫老百姓的急先锋。

我单人独骑,一日不歇,很快跨过了黄河,进入沧州。沧州在北宋时为北方边境之地,如今已经成为别国的腹地了。

我骑马实在疲累,就找了临路的一家酒馆休憩一会儿。

酒馆高挑着旗幡,上面写着"风尘驿"三个字,字体苍劲。外边的木栏杆上拴着几匹马,槽子里盛满了草料。酒馆的几个仆从进进出出,店里面时不时传出喝酒行令的喧闹声。

我下了马,把缰绳递给仆从,让他用好草好料伺候好这匹马。进到酒馆里面，环顾四周，它的装饰不甚豪华，且与汴京风格迥异。宋、金两种风格杂糅的装饰让我耳目一新。

我寻了临窗的一张桌子坐下，让小二切了两斤黄牛肉，打了两角酒，自斟自饮起来。

就听有人议论纷纷。一个老者说："岳将军收复建康，不日即将挥师北上，收复失地，拯救我们这些河朔的残民，老夫若是有幸，兴许能等到再见王师的那一天。"

我心中暗喜，岳大哥已经成为将军了。

一个青年人慷慨道："您老恐怕等不到那一天了。您忘了，宗泽老将军临死之前仍在呼喊'过河'，可南宋赵构何曾有一日要过河？岳将军主张收复失地，迎回二圣，哼哼，要是二圣回归，赵构岂不是要退位？依我看，赵构偏安是真，抗金是假。"

一个满脸络腮胡子的汉子说道："岳将军所向披靡，金兵为之丧胆。他提一劲旅，直捣黄龙，真把二圣迎回，赵构能怎样？徽宗老儿还没死哩！"

"这位壮士你可知二圣现在流落到何处了？"那位老者问道。

"流落倒也好了，恐怕他们皇帝父子连流浪的资格都没有。前两天我到燕京去买马，在马市上听人说，二圣到了悯忠寺，被金兵严格拘押，如骡马一般，想打就打，想骂就骂。那些皇亲国戚，男的生死只在瞬间，女子都配给金兵的亲王、将官，活着受辱，真不如城破之日就死了。"

老者听了，不免垂泪。

那个年轻人说："荒唐误国，以至于此，现在沦为阶下之囚，不正是应该吗？"

老者道："话虽如此。可毕竟大宋是故国，要是在汴京生活过的人，怎么会不追念当时的繁盛呢？我倒不是可怜他们父子，我是在追悼那些荣光的日子一去不复返了。"

我记住了悯忠寺三个字，又饮了几杯酒，吃了几口肉，继续北上。

2

这一日我进了燕京。先前还曾一度回归宋国疆土，现在又复落于金人之手，再也没有回归大宋的那一天了。

悯忠寺是唐太宗李世民为纪念跨海东征中死难的将士而建，先后经唐高宗、武后降诏修建，历经五十一余年才建成。武后将其命名为"悯忠寺"。悯忠寺在如今北京的法源寺一带。

我在悯忠寺周围打探消息，打听得宋徽宗并不关押在悯忠寺，而是关押在附近的延寿寺，悯忠寺里关押的是宋钦宗。原来，二圣并非一同押解北上。宋徽宗被完颜宗望拘押，宋钦宗由完颜宗翰拘押，分两路北上，约定到燕京会合。

我正准备寻找机会潜入延寿寺，先去会会宋徽宗。就在这时，情况又发生了变化。宋徽宗先被押到燕京，宋钦宗后到。等宋钦宗到后，父子二人被移至昊天寺一起拘押。昊天寺在如今北京的西便门一带。

金人这样的安排正合我意，省了我两边跑了。

可是，昊天寺守卫森严，连只苍蝇都飞不进去。这可难住我了。我百思不得其法，后来想到了宫素然师父。宫师父在燕京一带画名卓著,又是位出家人,在各个寺庙道观都有熟识的人。上次岳大哥遇难,要不是宫师父,恐怕岳大哥就死于辽兵的围攻之下了。

我往西山去,找到了宫素然。宫师父乍见之下,简直不敢相信自己的眼睛,惊喜地说道:"生逢乱世犹能重逢,真是感谢老君了!"她忽然由喜转忧,"子六,子满呢?难道子满……"

"不,师父,不要担心。子满现在追随岳大哥在军中。"

"岳大哥,可是大名鼎鼎的岳飞?"

"师父,您救过他的,怎么忘记了呢?"

宫素然思及往事,感慨连连:"你的岳大哥今非昔比了。宋国的将领大都是贪生怕死之辈,只有这位岳将军,指挥岳家军大挫金兵锋芒,现在金国都在传,'撼山易,撼岳家军难'!"

我大喜道:"看来岳大哥的确让金人胆寒了。"

接着,我就把来意对宫师父说了。宫师父听了,沉思了一会儿,道:"昊天寺的住持曾经向我求作一幅画,我当时找理由推托了,现在要想让你混进寺去,只好给他画了!"

"很是难画吗,师父?"

"那倒不是，只是我嫌那老和尚太势利了，不想给他画。如今也顾不得许多了，我马上就画！"

"如今他被金人裹挟，你的画还好使吗？"

"子六，你还不相信为师的实力吗？"宫素然嫣然一笑，"我的画，漫说是那个昏聩的老和尚，就是当今金国达官显贵元老、功勋，都得给一点儿薄面呢！"

这下我就放心了。很快宫师父就把画画完了，落了款，收拾起来让我带好。

我化装成一个小沙弥戴了顶僧帽，跟着宫素然进了昊天寺。说明来意，住持和尚先是表示为难，金兵看守森严壁垒，他也无法通融进入，后来宫素然让我把画献上，老和尚展开来看，一见是首屈一指的画家亲手画就亲自送来，顿时觉得荣光无限。当即就说，方法也不是没有，原来在修建这座寺院的时候，每个房间都修了密道，防备水灾、祸灾和兵灾。到了夜深人静的时候，我们可以通过密道进入关押二圣的房间，只要不做高声，应该是不会被发现的。

就这样，半夜三更的时候，我从密道进入了拘押房。进入一看，二圣并没有像传说中的那样受罪，待遇反而不错，锦衣绣被，灯光满室。屋里倒是安静得很。房间只有一扇窗户，也因金兵担心有人来营救二圣而用木板钉死了。

看得出来,看守都在门外。

我的出现让二圣备感惊讶。他们久经颠簸惊吓,早已丧失了判断能力。

宋徽宗看了半天,对我似曾相识,连连摇头思忖,后来发问:"你是何人?"

"您还记得我这个小小的画院待诏吗?"

徽宗摇头。

"您不记得我没关系,我说两个人,你可还记得?"

"哪两个?"

"王希孟和张择端!"

宋徽宗瞪大了眼睛,然后垂头,沉默不语。

"王希孟已经身死,张择端却逃出了汴京,活了下来。他让我给你带来一幅画,让你好好看看,看风俗画能否自成一派!"我把《清明上河图》展开给他们看。

二圣身体孱弱,互相扶着挪过来观看。看了许久,时间仿佛凝固了一般。

最后宋徽宗先泣出声来,宋钦宗也按捺不住低声饮泣。二圣抱在一起,痛哭起来。又怕外面的守卫发现,都极力压抑着,脸上的表情也因内心极度的追悔和痛苦而扭曲。

3

从昊天寺出来，我长出了一口气，里面实在太压抑和死寂了。宋徽宗和宋钦宗虽为父子，但相顾无语，不交一言，仿佛陌路人一般。

我往城外走去，还没出城呢，肚子就打起鼓来，天光也渐渐亮了。我找了一家羊汤馆，点了一份滚烫的羊汤和一个烧饼，慢慢地吃了起来。

吃到一半的时候，忽然有两个金兵押着一个人走了进来，叫了三碗羊汤。我看被押之人是宋人模样，心中便好奇——这个人是不是跟二圣一起被金人拘押过来的？金人押着他要去哪里？有什么勾当？会不会是要害这个人……

只听其中一个金兵道："姓秦的，你快点儿吃，殿下还等着呢！"

那个姓秦的宋国人唯唯诺诺道："是，是。"

另一个金兵道："宋国人最狡猾，真不知道咱们殿下为什么要用你这号人,要是我,早就咔嚓一刀,让你回老家了!"说着做了一个砍头的动作。

吓得那个姓秦的宋国人直缩脖子。

他好半天才说:"原先我身在宋国心在大金,现在连身子都在大金了,敢不唯殿下马首是瞻!"

我一听这人是个软骨头,恨不能一剑取了他性命。可惜还有两个金兵在场,我也不敢贸然行动。草草吃了饭,金兵押着姓秦的离开。我也付了账,离开餐馆,在后边尾随着他们。七拐八拐,来到一处府邸,大门洞开,门首有几名护卫。

一个金兵上前道:"烦请禀告殿下一声,就说宋人秦桧被押到了!"

我听了,不由大惊,历史上鼎鼎有名的大奸臣要上场了。

我隐在不远处一个石影壁后边偷眼观看,侧耳倾听。就见一个护卫进入禀告,一会儿又出来把秦桧领了进去。过了半个时辰左右,一个衣着华美的金国贵族把秦桧送了出来,脸上洋溢着目的已达成的笑容。

秦桧谄笑道:"殿下留步,我回去之后一定按照今日议定,让宋国臣服大金,世世代代为金国效忠、纳贡、称臣！"

那个金国殿下就是金国开国皇帝完颜阿骨打的次子完颜宗望，也就是围困汴京的两个元帅之一。他执着秦桧的手，满脸带笑道："你说的'南人归南，北人归北'的八字方针非常好，正合我的心意，愿你回去以后尽力促成，那可是大功一件。"

秦桧一脸奸笑道："我一定会不遗余力的，放心吧，殿下！"

完颜宗望冷笑道："我对你是放心的，可是我担心你如何取得赵构的信任？"

秦桧道："我早就想好了，我就说在楚州杀了监管我的人逃出来的，然后再把殿下主张两国和谈的诚意带给赵构，相信他一定会重用我的。而且我知道赵构这个人，最不愿意打仗，要能保证让他坐稳南方小朝廷的龙椅，他绝对不会与金国为敌的。"

"但愿如此。"

这些话都被我听到耳朵里，恨得我牙根直痒痒。什么狗屁"南人归南，北人归北"的方略，简直是卖主求荣的无耻之策。若真是照此八字去执行，那么金人和伪齐手中的广大土地全都要从宋国的版图中分割出去，划入金国的管辖

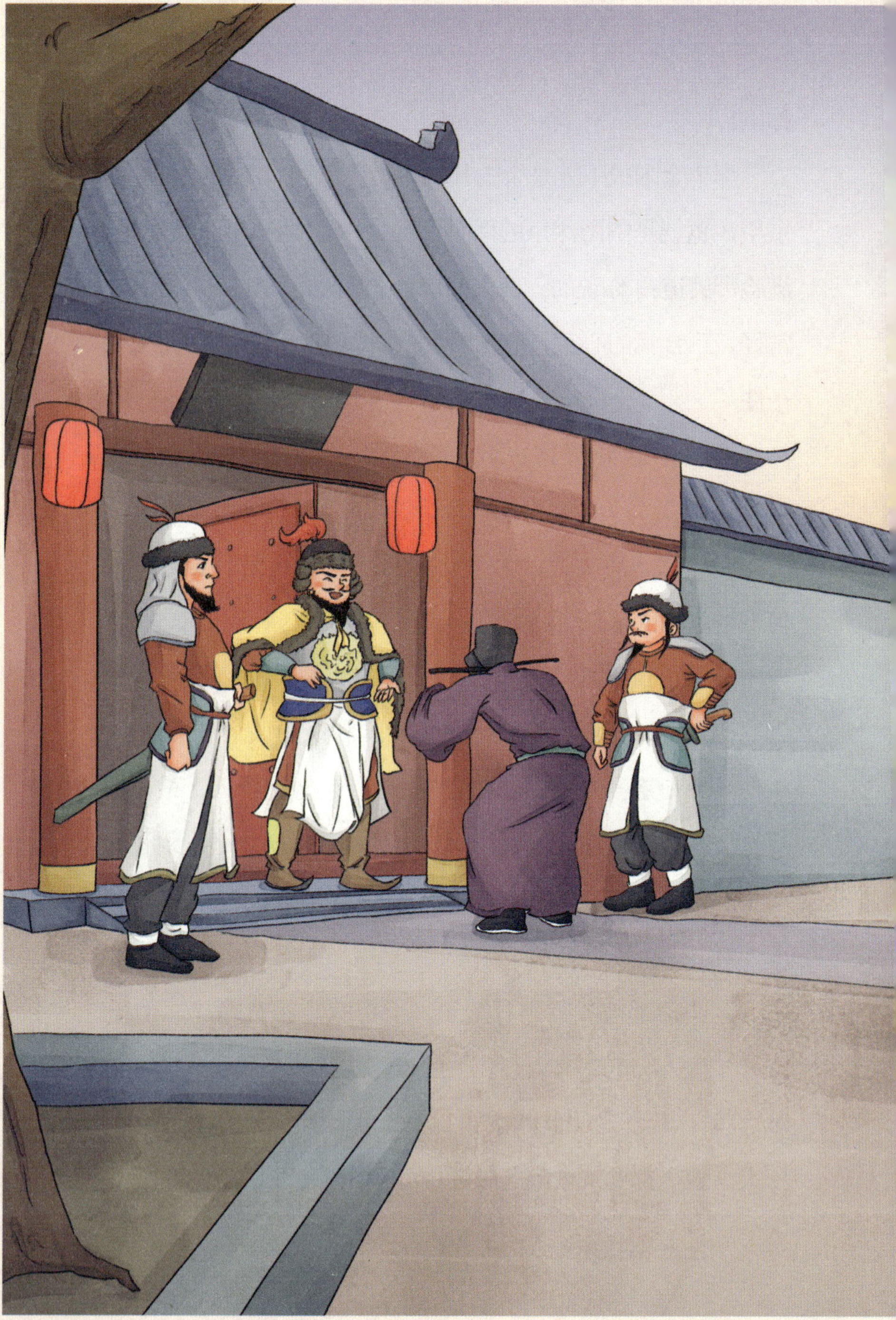

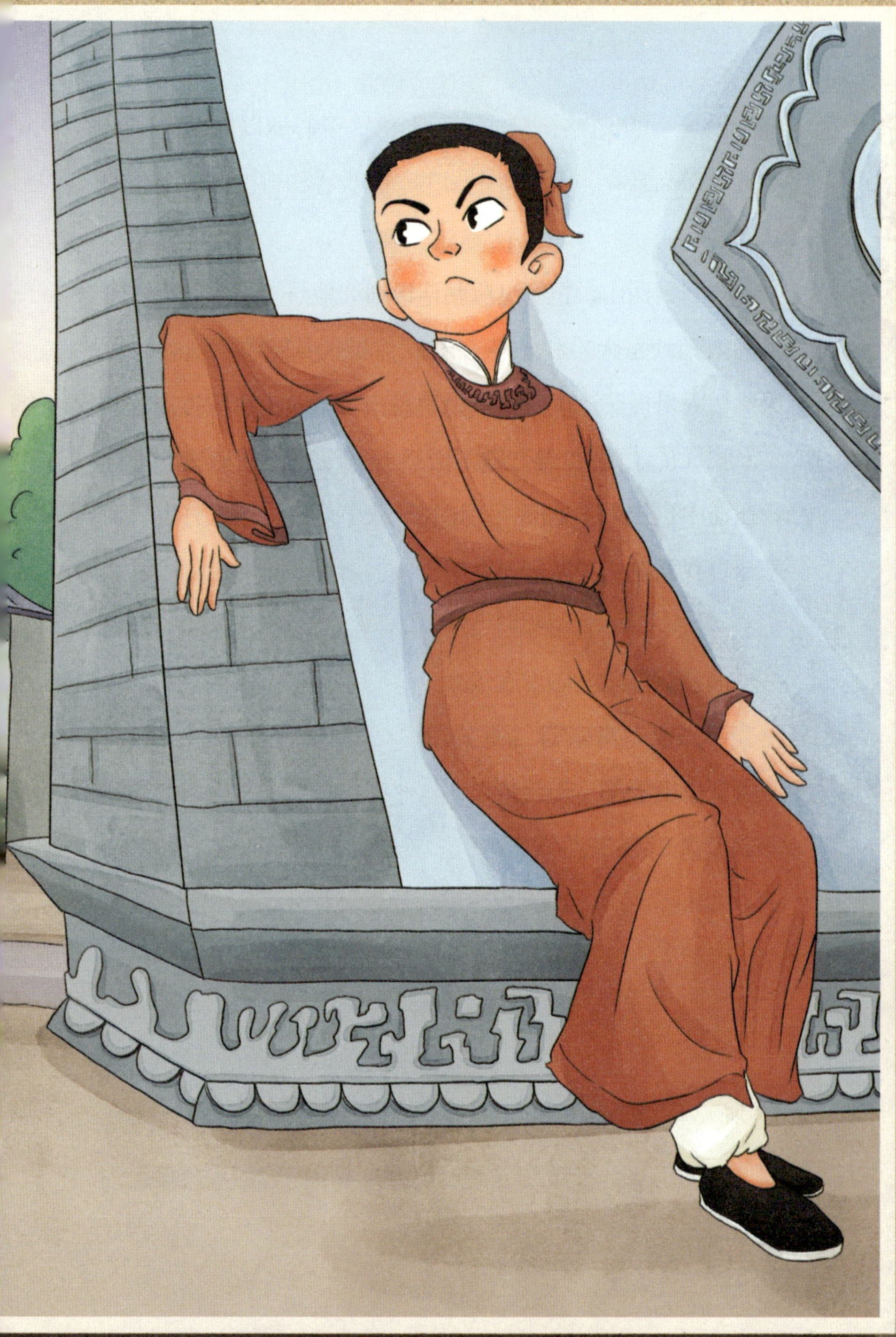

范围内。如此策略，只能证明秦桧铁了心要以宋国的国土和人民作为献礼，以求得金国主子的欢心和自己在南宋小朝廷的晋升。

我回到西山，把所见所闻详详细细地写了一封信，让南下的人捎给岳大哥和子满。我在信里千叮咛万嘱咐，让他提醒岳大哥提防这个叫作秦桧的人。

我厌倦了乱世，只想跟随宫师父在道观中以绘画度日。我在信中也告诉了子满，无论将来战事如何，一旦有机会就来燕京找我。

第13章

名将之死

①

在宋金鏖战的岁月里，我跟子满南北隔绝，只能依靠书信互通消息。近来战事和缓，书信往复的时间也缩短了不少。

有一天，我接到子满的来信。展信一看，不由得心惊肉跳，信是写在几页奠纸上的，仿佛有青烟从字里行间冒了出来。我逐行读起，先是义愤填膺，接着悲痛欲绝，后来就是咬牙切齿，最后万念俱灰。

现在将这封长信抄录在下，以让读者详细了解岳飞大哥是如何被害身死的。

子六吾兄：

　　数年流光，弹指一瞬。咱们哥们汴京一别，仿佛做梦一般。弟也曾听说你携画北上，让二圣观画，二圣泪飞如雨，心生悔恨。可惜，世界上没有卖后悔药的，大宋的锦绣江山就这样丢了半壁，剩下这半壁还在风雨飘摇之中，从上到下，人人自危。

　　想当日，我跟岳大哥逃出城去，直奔相州大营，把传位密诏交给赵构。然后整顿兵马，随岳大哥奔赴宗泽老将军麾下，收复汴京，整饬城防，休整人马，河北义军以及四方勤王部队相继来投，军容雄壮。

　　岳大哥当时就主动请缨，打算带领一部分军马，尾随金兵，伺机夺回二圣，收复失地。怎奈他人微言轻，不能施行。老将宗泽倒是把相关方略提交给赵构，可赵构贪生怕死，担心金兵掉头南下，让他连个偏安的皇帝都做不成，这是他绝对不能容忍的。

　　不过，宗泽倒是看中了岳大哥的将才，日益加以重用。

　　在汴京，岳大哥终于遇到一个跟他"谈得来"的将领。这个人叫张所，所任为河北招抚使，专门负责经略被金兵蹂躏的黄河以北地区的军民。张所是个非常有见识有能力的人，他极力主张赵构应该把都城迁回汴京，极力反对朝廷南渡。他还因此丢了官，却在民间赢得了很大声望。

张所的主张与岳大哥极其契合。大哥一概的方略就是联结河朔，然后以之为基地，进攻金国，直捣黄龙，迎回二圣。

这河朔之地就是黄河以北了，正是岳大哥乡梓所在，幽燕一带又是大哥曾经亲临的地方——我们的缘分也是从那里开始的——岳大哥对河北、幽燕的地理地形非常熟悉，因而胸中有一个完整而又切实可行的恢复河朔故土的计划和步骤。

他把这些当着张所大人的面提出来，当即受到张所的赞誉，认为岳大哥是个有胆识、有谋略的军事人才。他不仅把岳大哥跟我留在他的营中，

还升任岳大哥为统制。级别虽然不高,但毕竟代表着岳大哥不再是一个小卒了。

但是,非常不幸的是,岳大哥联结河朔的战略虽好,赵构却不是识家。赵构只求偏安,对于抵抗派的文官武将一概不放心。丞相李纲强力主张抗金,触怒赵构,结果只当了七十五天的宰相就被贬下台。张所虽然看重大哥,但也因受到李纲的牵连,被赵构贬到岭南去。不久便死在岭南任上,岳大哥得知这个消息后,悲伤了好一阵子。

可是,岳大哥依然认为赵构不会放弃河北和黄淮间的领土,但赵构以实际行动表明,他对岳大哥的方略是不感兴趣的。

我记得非常清楚,也非常痛心。老将军宗泽经营汴京,面对再次南犯的金兵,竭力抵抗,并上书要求赵构亲自到汴京督战,并把首都迁回来。结果,赵构不但不敢来,还把宗泽的话当成耳边风,只想找到一个理想的偷安的地方。

最后,老将宗泽忧愤成疾,疽发于背。临终之际，把岳大哥等将领召集床前，吟诵"出师未捷身先死，长使英雄泪满襟"之句。弥留之际，仍然高呼"过河""过河"，没有一言是谈及私事的。

这给岳大哥留下深刻印象。岳大哥治军大公无私，纪律严明，与民秋毫无犯，都是受了宗老将军影响的缘故。

2

赵构定都杭州后，偏安的局势已成定局，怎奈岳大哥不死心，仍是一心志在收复。

赵构无奈，只好让岳大哥领军去剿灭小朝廷内部的反抗力量。在这长达数年的剿抚行动中，岳大哥先后肃清了多股流民起义，使得境内得以安宁。岳大哥的部队也逐渐壮大，赵构投桃报李，把岳大哥的官爵越升越高，最终成为跟张俊、韩世忠、刘光世等将领并称的一世名将。

赵构一意偏安，并没有换来宋金两国的和平，相反更加刺激金国的扩张欲望，于是金国四太子兀术再次起兵南下，陈兵江淮，准备把赵构的小朝廷也收拾了。

惊慌失措的赵构再次想到了岳大哥，一边加升他的官职，一边让岳家军赶赴前线。

就这样，岳大哥的抱负得以施展，岳家军的名号在一片颂扬声中树立起来。

我才知道，这名声自己树立是不好使的——像刘光世那样的胆小将领，战前吹得很大，真打起来就瓜了——要是从敌人口里树立起来才有威力。金兵四处传扬：撼山易，撼岳家军难！就连不可一世的金兀术都害怕岳大哥的锋芒，几次败在岳大哥的手下。

我们的军队最厉害的时候，收复了河朔许多城池，几乎打到燕山脚下。岳大哥的豪言壮语——直捣黄龙，眼看着梦想成真，岳家军上下全都斗志昂扬，但谁曾想到，大事竟然毁于一旦！惜乎，行百里者半九十。

老哥，你还记得你曾经给我写信，信上说有个叫秦桧的奸细南下，要岳大哥跟我提防吗？

岳大哥就毁在这个秦桧手中。虽然我多次提醒，岳大哥也有警惕，但是无奈秦桧他跟皇帝同声连气，都是投降派。皇帝自己觉得现在他是做儿皇帝、孙皇帝，哪怕是每年纳贡更多的布帛银钱，也无所谓，只要金兵不再打过来。

这样一来，秦桧制定的投降政策受到了皇帝的高度认同，并把秦桧看作社稷第一股肱，一切对外和谈都交给秦桧去办，并且要求秦桧不惜一切代价促成和谈，达成和平局面。

秦桧暗中与金国交涉，金国便提出来，要是岳家军不倒，和谈是没有希望的。秦桧心领神会，决心要除掉和谈路上最大的障碍——岳家军。当然木秀于林，除掉岳大哥，岳家军就不攻自溃了。于是，他建议赵构，下旨让岳家军火速从河朔撤军，让岳大哥直捣黄龙的战略功亏一篑。

撤回本部的岳大哥仍然让秦桧不放心，他还建议皇帝解除岳大哥的兵权，让他彻底丧失带兵打仗的权力。皇帝欣然同意，一并将岳飞、韩世忠等主张抗金的将领的兵权解掉。

岳大哥心怀坦荡，被解除兵权之后，回庐山务农去了。

但金国的意思却是，岳飞不除，两国难安。秦桧领了对方的旨意，下一步就是琢磨着怎么除掉岳大哥。我在庐山曾劝岳大哥将家眷转移，并且自身也应该隐居到天涯海角去，再不出来为官做将。可是，岳大哥问心无愧，不想东躲西藏。他也叫我坦然，说是纵然有事，也

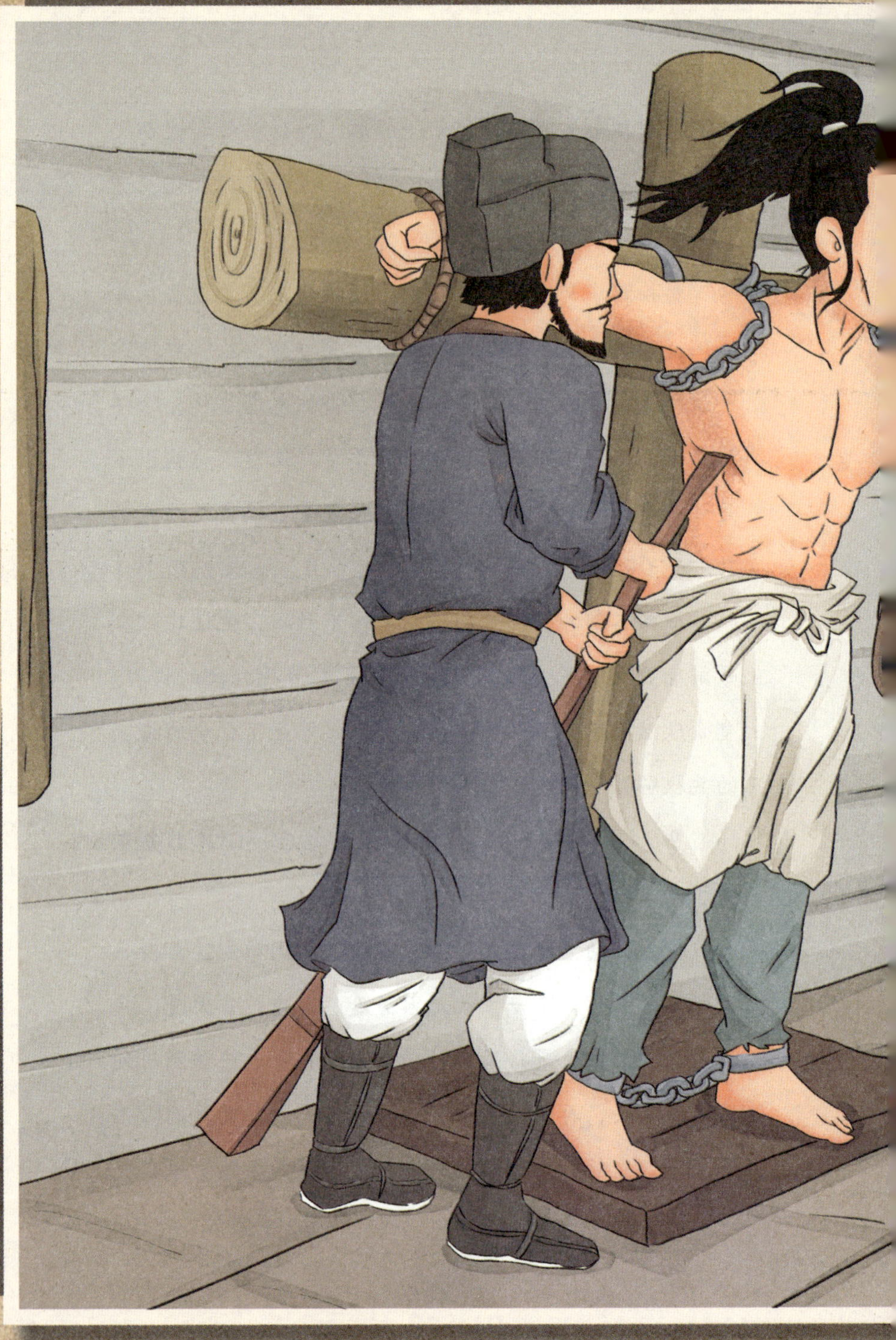

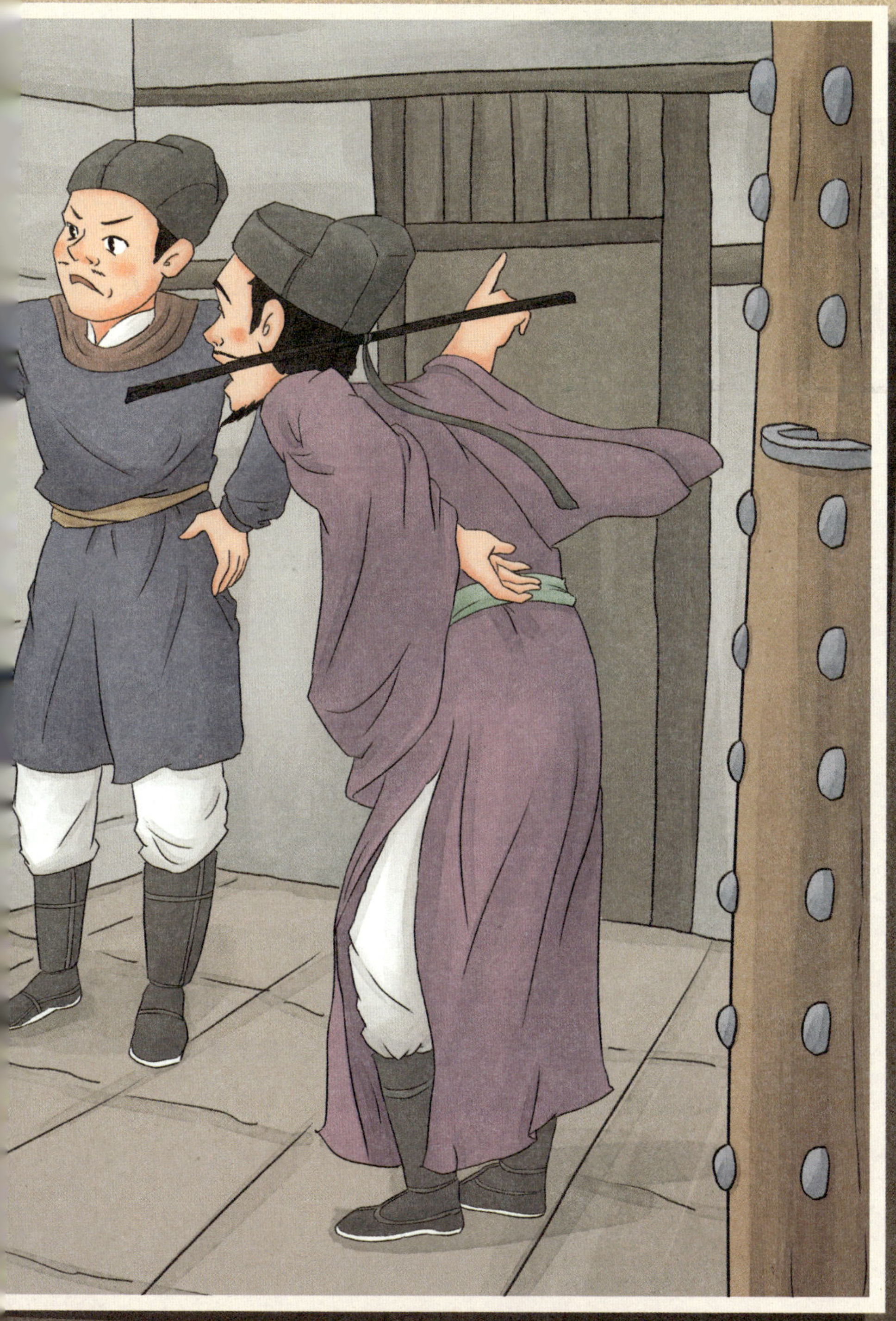

不至于连累我。

老哥，我是怕被连累的人吗？只是不甘忠臣受奸人之戮！

庐山的日子倒也逍遥。说起来我跟庐山十分有缘，当年在唐朝流落江南的时候，也曾在李白的庐山寓所盘桓度日，如今又在这里跟岳大哥朝夕相处。

直到有一天，一个叫杨沂中的殿前司统制叩开了岳大哥的门扉，说是岳家军的将领张宪、岳大哥的儿子岳云，勾结造反，证据确凿，让岳大哥到杭州去，对证一下。

直到此时，岳大哥虽然相信事情严重，但仍不相信朝廷会害死他。

3

岳大哥抵达杭州后，直接被人引到大理寺。这大理寺是审理犯人的最高机构，岳大哥顿时觉得不对劲，问道："我为国家效力半生，为什么今天竟到了这里？"

可是羊入虎口，谁还会理会他呢。狱卒带他经过牢房。此时的张宪跟岳云已被施以酷刑，浑身上下血肉模糊。岳大哥见了，锥心刺骨，却也无可奈何。

见到了御史中丞何铸。何铸问岳大哥，为什么要造反？岳大哥气愤非常，脱下上身的衣服，露出以前曾经刺写在脊背上的四个大字：精忠报国！说道："这四个字，可证得我要造反吗？"

何铸无言，虽然他早就受秦桧指使，要给岳大哥安一个造反的罪名。可见到这四个字，他虽然不敢得罪秦桧，却也无论如何也无法定岳大哥的造反之罪。

秦桧得知后，大怒，道："皇上的意思就是这么办，你怎敢推托？"

何铸尚有一丝良知未泯，不肯跟秦桧合作。秦桧一气之下，改派万俟卨这个大奸臣审理岳大哥。这个万俟卨跟秦桧狼狈为奸，毫无良知可言。他上来就诬告岳大哥与张宪、岳云等串谋造反，还把事先捏造好的假证递给岳大哥看，质问道："国家有何亏负于你，你们父子却要伙同张宪造反？"

岳大哥怒发冲冠，道："我绝对无负于国家，你们即是主持国法的人，切不应当陷害忠良，你们如要把我诬枉致死，我到冥府也要与你们对质不休！"

岳大哥气愤至极，浑身发抖，指天画地，自证清白。

狱卒上来拷打岳大哥。岳大哥纵横沙场，临兵斗阵，何曾有过畏惧。可是面对一干丧了良心，只听凭秦桧指使的狱卒的黑心和黑手，却束手无措。他心里明镜似的，秦桧要置他于死地，他已经落入奸贼罗网，纵然展翅也无法飞翔了。

他长叹一声，道："我现在才知道落入国贼秦桧之手，使我为国为民的忠心，一切都休！"

岳大哥说罢这句话，就合上眼睛，再也不说一句话。岳大哥受尽酷刑，仍不肯承认自己与张宪、岳云有任何的要想造反的计划，并绝食以示反抗。

万俟卨大展手段，罗织了更多的罪名和证据，但仍不足以判处岳大哥以死刑。

秦桧非常不痛快。他的老婆王氏心肠更加歹毒，劝说秦桧道："老汉竟这般缺乏果断吗？要知道捉虎容易放虎难呀！"经过王氏这么一提醒，秦桧才恍然大悟，下定了无论如何也要处死岳大哥的决心。他随手拿了张纸片，简单写了几个字，让人送给万俟卨。万俟卨遵命对岳大哥进行最后一次审讯，逼岳大哥在他们事先炮制好的供状上画押。

岳大哥仰天长啸，无限悲痛，拿起笔来在供状上写了八个大字：天日昭昭！天日昭昭！

很快，岳大哥就被毒死，张宪和岳云也被斩首。

消息从大理寺传出来，杭州百姓为之惊骇，全天下的百姓都为岳大哥喊冤。大将韩世忠曾经质问秦桧，究竟告发岳飞的那些事是不是真的？秦桧支支吾吾，含混答道："其事体，莫须有！"韩世忠愤然道："相公，莫须有三字，何以服天下？"

可怜岳大哥竟以"莫须有"的罪名蒙冤被害。

我现在就是在给岳大哥守灵，他的家属也马上要被流放。想起岳大哥那番联结河朔、收复失地、直捣黄龙的豪情壮志，而如今却蒙冤被害，英魂陨落，实在令人悲痛。

有人说，岳大哥的冤狱也属必然，是赵构和秦桧整个降金政策的组成部分。岳大哥不倒，金国是不得安宁的。金国不宁，这个杭州的小朝廷哪能坐稳呢？

也有传言，金国四太子兀术曾写信给秦桧，胁迫说："必杀岳飞而后可和"。岳大哥的必死也可想而知了。

好了，先说这么多吧，老哥。我为岳大哥守完灵，就回北上与你会合。到时候咱们找个地方好好歇歇风尘，再也不问这浊尘俗世了。好寒心！

你的弟弟，子满

第14章

尾声

我在燕京西山等着子满到来。此时我的画技在宫素然师父的教导下已经突飞猛进，再加上之前李唐、王希孟、张择端都曾指点过我，所以我现在能画各种风格的画，这还真不是吹牛。

说起张择端，他的那幅《清明上河图》，早在几年前我就托人交还给他了，那可是他毕生的心血所在，我可不能夺人之美。

后来，张择端进了绍兴画院——宋高宗赵构在绍兴年间成立的画院，风俗画也被官方认可成为新的画派，终于了却他一生的心愿——虽然没能收入《宣和画谱》，但能被官方认可对他也是一种安慰了。

听说李唐、朱锐也都进了绍兴画院做待诏。李唐经历了两宋交替，身体仍然康健，实属难得；朱锐能从一个山大王摇身一变而为一代画家，也是造化使然。艺术让人脱胎换骨，并非虚话。

我虽然与宫师父生活在一起，内心却无法平静。我想起岳大哥生前的种种，从燕京相会，到磕头结拜、保卫太原、防御汴京，到追随宗泽、扶保赵构、抵抗金兵、收复失地，到平定民乱、直指河朔、被迫撤兵，再到赋闲庐山、牵连入狱、蒙冤被害……昨日种种，俱翻覆心头，让我不胜唏嘘，痛泪流尽。

我总是把岳大哥那首《满江红》随口吟诵：

怒发冲冠，凭栏处、潇潇雨歇。

抬望眼，仰天长啸，壮怀激烈。

三十功名尘与土，八千里路云和月。

莫等闲，白了少年头，空悲切！

靖康耻，犹未雪。

臣子恨，何时灭！

驾长车，踏破贺兰山缺。

壮志饥餐胡虏肉,笑谈渴饮匈奴血。

待从头、收拾旧山河,朝天阙。

吟着吟着,泪水便滚下来,我穿越了几个朝代,能让我如此痛心疾首流泪的,只有岳大哥一人。

我想着岳大哥不能这么白白地死去,我要让他的故事流传万代。我也没有什么好办法,只有依靠手中之笔,来把岳大哥和岳家军的事迹一一绘画出来,真实写照,让这股英雄豪气永远在后世奔腾不息。

我忽然记起,老爸曾带我到北京潘家园的旧书摊上闲逛。老爸对那些琳琅满目的古玩字画十分感兴趣,流连不已。我独对那些旧书摊上的连环画青睐有加,这对我有了极大的启发。

我何不把岳大哥以及岳家军的故事按照张择端的风格绘成风俗画,前后连缀起来,成为一个连环画的系列,总命名为《武穆定北录》。武穆是岳大哥死后若干年,南宋朝廷给他的谥号,也算是对岳大哥的一份告慰。

那一天,我挥洒丹青,描绘防御汴京这一节,正画到岳飞和子满去给康王赵构送密诏,我赞叹岳大哥和子满浑身是胆,心情也澎湃起伏……

突然，从山脚下上来一个人，行色虽然匆匆，却带着一股远山独具的木叶清香和山谷里明媚的山花芬芳，离得还很远呢，便听那人喊道："老哥，我来也！"

我流下泪，默默地道："来了就好！来了就好！"

等他到近前的时候，我早把泪水拭去，一拳头擂在子满的肩头，"你小子是不是把你老哥都给忘了！"

山坡上的野花开得正艳。

后记

说起宋代，陈寅恪大师有句名言："华夏民族之文化，历数千载之演进，造极于赵宋之世。"这种说法非常深入人心，我们总说的强汉盛唐，反而尚未"造极"。

说宋的"造极"，在经济、文化方面表现突出。

经济上，毫不夸张，宋代在当时的世界范围内绝对是居于巅峰位置的，具体的数据就不罗列了，感兴趣的读者可以去查证，各方面的数据和各种指数表明，宋代若是谦称第二，没有哪个朝代敢说自己是第一，这个绝不是吹牛。

宋代经济的发达还在于商业的繁荣和市民文化的发达。前者表现在资本主义萌芽的出现，并形成了规模，而且还有纸币"交子"的流通，以及出海贸易的繁荣，海上丝绸之路大大缩短了中国与世界之间的距离；后者则在于宋代出现了真正意义上的市民生活，与现代社会已经十分接近，孟元老的《东京梦华录》对此有相当详细的记录，感兴趣的读者不妨找来一读。恐怕难以想象，八九百年前的中国人已经过上了富足而又充满意趣的生活。

　　本书中所描写的那些热闹的场景，大都从孟元老的著作中来，不过是当时繁荣的汴京生活中的一些侧面。读者不要以为我是夸张了的，我实在是小心翼翼地压制着笔墨写的，那些恍若隔世的繁华与流光溢彩的热闹，要不是明明白白地写在宋代的书中，反正，我是不相信的。但事实就是如此。没有哪个朝代的城市，能像北宋的汴京一样，像一个五彩的梦幻。

　　同样令人梦幻的，还有宋代的文化。

　　本书中出现的那些名画佳作，不过是两宋绘画中浮光掠影的一小部分，还有许许多多有名有姓的画家根本没有机会上场。宋画承前启后，归结了汉唐以来的宏阔和写意，开启了后面近千年的流派纷呈和各擅胜场的光辉绘画史。王希孟的一幅《千里江山图》就可以震古烁今，何况还有张择端的《清明上河图》，这两幅代表着中华文化登峰造极的艺术双璧，同时出现在北宋末期，再加上一个"不爱江山爱书画"的宋徽宗——花鸟绘画和瘦金体书法俱是上乘之作，

一同把中华书画艺术推上了空前绝后的高度。

本书围绕着这两幅画发生了许许多多的故事，有的虽然不尽如史实描写，却也可以佐证艺术对历史的影响，以及历史对艺术的影响。两者是相互激荡着的。

但商业和文化上的"造极"，并不能代表国运的强盛，相反国运的发展绝非商业和文化能够主宰。

宋代的生存环境异常恶劣，有辽、金、西夏、吐蕃、大理等国环伺四周，尤其是辽、金、西夏三国进攻性比较强，多次跟宋国发生战争。最初的时候，宋也想用军事解决问题，可后来发现，军事的手段不如经济的手段，所以多采取交纳岁币的方式媾和。当然，这种"用钱买和平"的局面也是经过军事斗争获得的——不显示一点儿抵抗力，就连媾和也不可能，所以也不能说宋朝一点儿军事实力也没有，那是一种不负责任的说法。

但总的来说，宋的军事实力是无法"造极"的。这跟它在立国之初的顶层设计有极大关系。

宋初的时候，赵匡胤吸取晚唐五代藩镇割据的惨烈教

训，革除武人之弊，使得文官节制武将，将不知兵，兵不知将，层层掣肘，步步牵制，最终使得宋朝军队战斗力下降，在与辽、金、西夏等国交战时，时常处于被动挨打的局面。

这种军事上的不"造极"决定了宋的命运。

北宋前期尚可支持，但到了徽、钦二帝的时候，只能疲于应付。宋、辽长达百年的和平局面，尽管耗费了许多财富，但总体上还能过得去，毕竟兵锋消弭，老百姓可以安居乐业。

孟元老的记载是写实的，北宋末年的汴京能够有那样的繁华，跟宋、辽息兵有很大的关系。徽宗也认为这种繁盛局面会持续下去，自己能够当个盛世天子，既爱江山又爱书画，何其美也！然而，鱼和熊掌自古不能兼得。为了他的那些书画和石头、花草，竟然断送了北宋百年的和平和汴京的盛世繁华。

本书中所写的宋徽宗竭尽民脂民膏，搜刮奇石花草，崇信道教，又大肆营建楼台观宇，把百年间积攒起来的财富虚耗一空，都是有据可考的。

宋徽宗仍沉浸在繁华一梦中，始终不愿醒来。被掳北上的某个时刻，他或许真的后悔了，但也晚了。

宋徽宗周围的那些奸臣别的本事没有，粉饰太平的能力倒是一流。他们把徽宗哄得团团转，然后大逞私欲，中饱私囊，过着纸醉金迷的生活，要不是后来金兵来犯，把这一切的迷梦都给惊散了，恐怕他们还要继续享乐下去。

他们向来不把老百姓的死活放在眼里。

金兵攻破汴京后，徽、钦二帝被俘，宗室三千余口被押往金国。禾黍萋萋，这个时候他们才追悔流泪。本书中设计子六千里送画，可以说是接替王希孟两次画谏后的第三次画谏，就是在延续王希孟的咏叹——多好的一个江山啊，多好的一个汴京啊，竟被这对父子弃之如敝屣！

南宋小朝廷成立之后，岳飞以及岳家军崛起。时也，运也，命也。岳飞是两宋之交的大关节所在。他一心抗金，主张联结河朔，收复失地，这些并不是赳赳武夫的吹嘘之词，他是有这抱负和能力的，要不然赵构也不可能把一个底层的军官提升到少保和太尉的高位——这可是两宋武官最高的位阶了。

毫不夸张地说，赵构是靠着岳家军才站稳脚跟的，要不是赵构是个彻头彻尾的投降派，后来又来了一个彻心彻骨投降的秦桧，说不定岳飞真的能直捣黄龙，收复失地了。

可惜历史没有假设。赵构的"野心"就在于偏安一隅，而秦桧才是他最倚重的大臣，因为秦桧能够帮他实现他这点儿微薄的愿望。秦桧跟金国媾和，要纳一个投名状，那就是让岳飞去死。

本书以岳飞之死作为终结，可以说是泪笔。国之干城，毁于一旦，自此，赵构可以偏安，宋之国运却急转直下，直到灭亡，也未曾收复汴京。

这样看来，商业和文化的登峰造极，并不能使国运昌隆，还须有赖军事上的保障和政治上的远见。这两点赵宋都是极度缺乏的，所以后世也只能哀叹了。

宋朝穿越指南

  如果有机会穿越到宋朝，那算赶上好时候了，就连英国著名史学家汤因比都说过："如果让我选择，我愿意活在中国的宋朝。"此言不虚，因为宋朝物质发展水平、文化发展水平，城市文明和商业文明达到了辉煌的程度。

宋朝的衣食住行

穿的方面

宋朝的典型服饰是一种叫作东坡巾的冠帽。

《三才图会》中这样描述东坡巾："东坡巾有四墙，墙外有重墙，比内墙少杀，前后左右各以角相向，着之则有角，介在两眉间，以老坡所服，故名。"这说明了，东坡巾是一种高筒形式的冠帽，周围有四个角，比中间的筒稍微低一些，在高筒的周围还有不规则的角。苏东坡是北宋的大文学家，同时也是时尚大咖，他不仅会吃，会玩，还会设计，这款巾帽据说就是东坡本人参与改良款式的，而且因为他的穿戴而广为流行。

除了头上戴的，当时还流行一种叫直裰的对襟长衫，这衣服本来是和尚、道士穿的，但后来也很受士大夫们的喜爱。

宋人在衣服上的装饰最喜欢销金样式，即将黄金磨成粉，然后用黏合剂在衣服上印出纹饰，既漂亮又上档次，不光那些官宦富贵、歌舞表演者喜欢，就是平民中稍有财力的，也无不以销金为风尚。

饮食方面

宋朝人真的会吃、懂吃，如果你是个资深的吃货，我保管你穿越到宋朝不会错，一定可以大饱口福！有一本非常有名的宋朝笔记——《东京梦华录》，里面记载了许许多多宋朝的美食，诸如肉脯、砂糖冰雪冷元子、滴酥、麻腐鸡皮、炒蛤蜊、炒螃蟹等，飘香的字眼在字里行间跃动，

小笼包

东坡肉

仿佛有一股香气扑面而来，让你大流口水。锅贴、东坡肉、涮肉、小笼包等我们现代还能吃到的美食，都是宋朝人餐桌上的家常便饭。

冰雪冷元子

绿豆甘草冰雪凉水

滴酥

麻腐鸡皮

住的方面

宋朝官方专门颁布《营造法式》一书，对各类建筑的施工规范做出了规定，至今仍可从中看到宋朝建筑的大体风格和宋人的喜好。相比唐人的大气恢宏，宋人更注重精巧华丽的建筑风格，在细节上做足了功夫。宋朝的建筑大观，可以从张择端的名画《清明上河图》中领略一二，以都城的建筑物为例，木结构居多，但砖石结构也有相应发展，比如佛寺和桥梁。

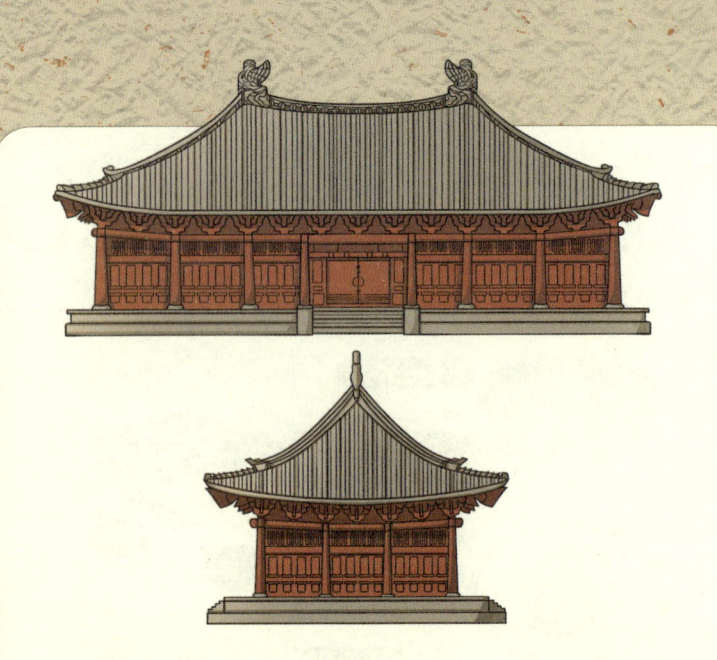

出行方面

陆路上有马车和轿子。其中暖轿开始被贵族和官员所采用,那是一种装饰了布盖、布帷,四周封闭的轿子,置身其中,既舒服又威严还防风雪。

牛车

马

水路上,宋朝造船业发达,其船只不仅种类丰富、数量庞大,在技术上也处于世界领先位置。

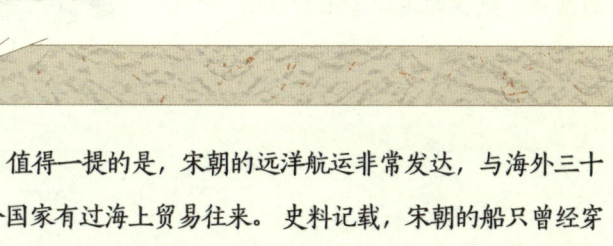

值得一提的是,宋朝的远洋航运非常发达,与海外三十多个国家有过海上贸易往来。史料记载,宋朝的船只曾经穿越马六甲和印度洋而达到现代的中东地区。这为元、明两代开启更大规模的航海奠定了坚实基础。

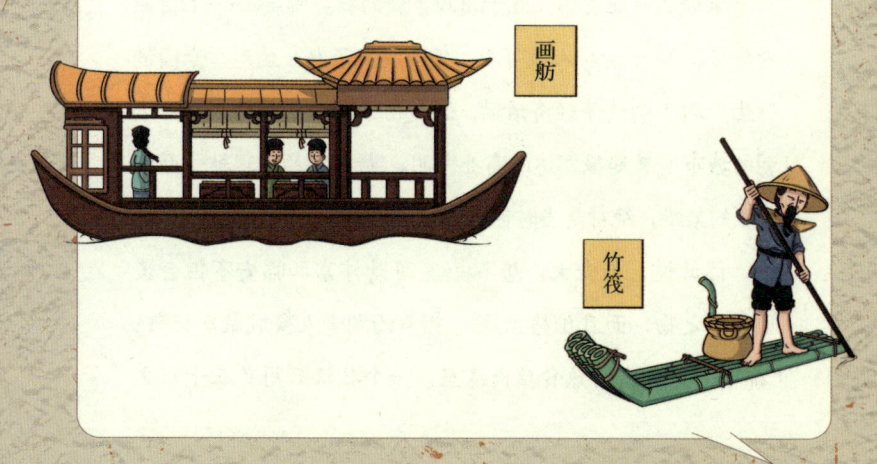

画舫

竹筏

宋朝穿越指南

由于城市和商业的繁荣，平民百姓出行工具开始有了租赁业务。《东京梦华录》里就有记载过，汴州的百姓平常出门办事，路途稍微遥远一些，会去租赁毛驴。专门从事毛驴租赁行业的人，被大家叫作"赁驴小儿"，规模大一些的有专门的店铺，更多的是牵着毛驴在街上溜达，随时可以拦下做买卖。

宋朝的商业

宋朝的商业发达，在于出现了新的社会阶层——工商业者阶层。这个阶层人数可观，完全脱离了农业生产，专门进行生产加工制造等经济活动，正是由于这一阶层的存在，宋朝的城市发展起很发达的商业文明。最直接的表现就是两宋都城的繁华，绝对是当时世界所罕见的。

俗话说，长安大，居不易。可是汴京和临安不但会聚了四方之物，而且价格低廉。据《西湖老人繁胜录》记载：（都城）瓦舍内的熟食猪肉店里，一个壮汉只用花三十八文钱，便可吃饱吃好。一只熟鹌鹑在市场上才卖两文钱，一些时令的水果也不过十文钱一斤。更有甚者，冬天从黄河远道运来的新鲜鱼，每斤也到不了一百文钱。可见当时物价之低，而民众享有食物之丰富、便捷。同样也说明了市民阶层的富裕。宋真宗时，宰相王旦说："京城资产百万者至多，十万而上比比皆是。"

除了大中城市，一些市镇和集市也很繁荣。市镇之下，还有众多的乡村集市、庙市等初级商业市场。这些市场主要经营大宗农业和手工业产品，以中小商人居多，其中不乏腰缠万贯者，比如邢州张氏，以贩布起家，资产便在十万贯以上。乡村的加工业和养殖业非常发达,出现了从事专业生产的"茶园户""乡村酒户""花户""药户""漆户""糖霜户""水碾户""磨户""熔户""机户""绫户""香户""蟹户"等各种专业户,农人因此而致富。

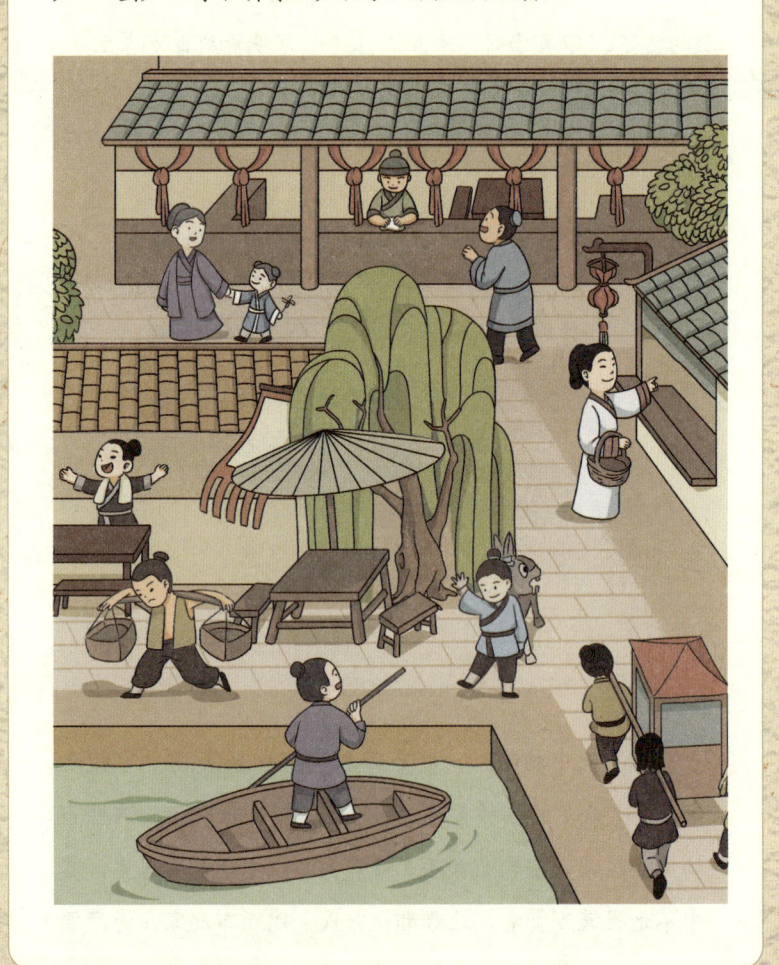

丰富的夜生活

　　宋以前大都实行宵禁政策，即当夜晚到来的时候，就不允许人们外出活动。这种情况到了宋朝得到彻底改观。宋朝的黑夜获得极大的开发，百姓拥有了丝毫不差于现代都市的夜生活。孟元老的《东京梦华录》以及张择端的《清明上河图》中，都有充分的描绘和说明。

　　宋代的都市跟现代没什么两样，唐时的坊墙不见了，临街商铺鳞次栉比，商店、酒楼、饭店、客店，一家接一家；每家店铺都悬挂着招牌、旗帜，产品琳琅满目，令人目不暇接；除了坐商，还有行贾以及一些推车挑担叫卖的小商小贩，就跟现代热闹的大集似的，且跟大商铺相仿。往往夜市未了，早市又继，此外还有鬼市、跳蚤市场、艺术品市场等，每每都是熙熙攘攘，热闹非凡。

　　夜市上各色小吃应有尽有，面食糕点、鲜鱼活虾，各种饮料，外国食物，猪牛羊鸡鸭鹅，只有你想不到，没有宋人夜市买不到。还有沿街头叫卖的活动小吃铺，诸如"姜豉、膘皮子、炙椒、酸儿、羊脂韭饼、糟羊蹄、糟蟹，又有担架子卖香辣灌肺、香辣素粉羹、腊肉、科头细粉、姜虾"等美食，简直令人垂涎三尺。扇子、画作、文玩等杂七杂八的艺术品触目即是。

　　宋人的夜市整夜灯火通天，人声鼎沸，大词人苏轼就

曾经写诗记录夜市灯会的情形:"纱笼擎烛逢门入,银叶烧香见客邀。金鼎转丹光吐夜,宝珠穿蚁闹连朝。"可知整个夜晚都是明亮的,观不尽的繁华。